开国英模100位

第4辑 · 青少年版

为新中国成立作出突出贡献的英雄模范人物

对信念的坚定追求
对祖国深深的热爱
对崇高的景仰与渴望
是我们战胜一切困难的巨大力量

天津教育出版社
TIANJIN EDUCATION PRESS

图书在版编目(CIP)数据

开国英模.第4辑/《开国英模》编委会编.—天津:天津教育出版社,2011.1(2011.9重印)
ISBN 978-7-5309-5903-9

Ⅰ.①开… Ⅱ.①开… Ⅲ.①英雄模范事迹—中国—现代—青少年读物 Ⅳ.①K820.7-49

中国版本图书馆CIP数据核字(2009)第239377号

作者声明：本书作者在编写过程中，选用了一些图片资料，由于客观原因，未能与相关作者取得联系。为尊重和维护作者权益，特此声明：当您看到本书时，请与我们联系，我们将按国家规定向您支付稿酬。

开国英模　第4辑

出 版 人	胡振泰
选题策划	王轶冰
作　　者	《开国英模》编委会
责任编辑	王轶冰　龚　超
装帧设计	郭亚非
出版发行	天津教育出版社(www.tjeph.com.cn)
	天津市和平区西康路35号
	邮政编码：300051
经　　销	全国新华书店
印　　刷	天津金彩美术印刷有限公司
版　　次	2011年1月第1版
印　　次	2011年9月第2次印刷
规　　格	16开(787×1092毫米)
字　　数	130千字
印　　张	14.75
书　　号	ISBN 978-7-5309-5903-9
定　　价	36.00元

目 录

于化虎(1914–2004) ………………………………………… 1

马立训(1920–1945) ………………………………………… 11

毛泽民(1896–1943) ………………………………………… 23

毛泽覃(1905–1935) ………………………………………… 40

王尽美(1898–1925) ………………………………………… 50

王若飞(1896–1946) ………………………………………… 60

邓恩铭(1901–1931) ………………………………………… 71

冯　平(1899–1928) ………………………………………… 82

任常伦(1921–1944) ………………………………………… 92

关向应(1902–1946) ………………………………………… 105

寻淮洲(1912–1934) ………………………………………… 117

许继慎(1901–1931) ………………………………………… 127

阮啸仙(1897–1935) ………………………………………… 140

何叔衡(1876–1935) ………………………………………… 153

旷继勋(1895–1933) ………………………………………… 164

杨　殷(1892–1929) ………………………………………… 174

杨闇公(1898–1927) ………………………………………… 183

萧楚女(1893–1927) ………………………………………… 191

李兆麟(1910–1946) ………………………………………… 203

邹韬奋(1895–1944) ………………………………………… 216

于化虎
(1914-2004)

荣　　誉：全国民兵英雄　爆炸大王
出 生 地：山东省海阳县(今海阳市)
民　　族：汉族
诞　　辰：1914年(具体日期不详)
逝世纪念日：2004年7月20日
逝世年龄：90岁

　　电影《地雷战》中的主人公"赵虎"，是由两个全国民兵英雄赵守福和于化虎的姓名组合的。他们两人都是山东省海阳县(今海阳市)赵疃乡人，两村相距不足三里地，抗战时期都是闻名胶东的抗日堡垒村。
　　1943年7月1日，胶东军区在烟台海阳召开英模大会，大会刚一结束，许世友司令员健步走下讲台，见到于晋生(于化虎原名)，对着他的胸脯就是一拳："好你个爆破英雄！听说一只雷吃掉两对半敌人还嫌少，胃口不小啊！"于晋生嘿嘿一笑。许司令员接着说："渤海出一条龙(林化

地雷战（绘画）

地雷战纪念馆中的地雷

龙），东海要出一只虎，你干脆叫于化虎得了！"从此，于晋生改名于化虎。

活雷化虎　威震胶东

于化虎1914年出生于山东省海阳县文山后村。1940年参加抗日战争，1944年加入中国共产党。他在家乡带领民兵以自制的踏雷、绊雷、连环雷、夹子雷、钉子雷、梅花雷等20多种地雷为主要武器，有力地打击了日寇，威震胶东。

1943年春，海阳县人民武装委员会在小纪区南埠村召开各区武委会主任会议。会上介绍了平度县大泽山区民兵摆地雷阵杀伤敌人的经验，传授了埋雷方法，并发给各区数颗铁制地雷，海阳民兵才开始认识了地雷，并同地雷结下了不解之缘。同年5月，小纪区瑞宇村民兵副队长于凤鸣在瑞宇、东村庄之间公路上埋下两颗地雷，炸死炸伤从据点出来抢小麦的日伪军5名，揭开了海阳地雷战的序幕。

这一年，县人民武装委员会给村里送来了一颗地雷，于化虎将这颗写有"活雷化虎"4个字、重25斤的大地雷埋在村头石堆里。不过半个小时，300多名敌人就不请自来，要从这里经过。结果"活雷化虎"开花，10多名鬼子顿时命丧黄泉。从此，

"活雷化虎"的威名传遍胶东。

1943年5月,日伪军100多人偷袭文山后村,时任民兵队长的于化虎率领爆破组在村边埋下70多枚石头拉雷和绊雷,炸死炸伤前来袭击的日军17人。几天后,他又带领民兵在村子周围埋下数百颗自制地雷,诱敌进入雷区,炸死炸伤敌人70多名。

将计就计　破敌探雷

为了对付于化虎和民兵的地雷,日军组织探雷队。于化虎将计就计,以真假地雷对付敌人,日军挖出上面的假雷,下面的真雷随即被引爆。日军探雷队发现地雷就用绑着铁钩的长杆拉,拉响几个之后,日军高兴得手舞足蹈,不想,几天后,日军拉出一个屎尿罐子,大叫"晦气",上前猛踹了一脚,却踏响了于化虎埋下的连环雷,17个鬼子一下子报了销。

一计不成,又生一计。日军改用小铁锹起雷。于化虎将计就计,搞了个真假挨雷,顶上为假,底下为真。日军挖出假雷后,真雷随即爆炸。

后来,日军变"聪明"了,将雷坑挖得又大又深,然后剪断真假相连的引火弦。但好景不长,于化虎和他的队员们又试制成功了土定时雷。

八路军和民兵在制造石雷

民兵利用陶罐、水壶等一切可以利用的东西,制造地雷

在公路上埋设地雷

在铁路上埋设地雷

在田间道路上埋设地雷

一天,日军地雷探索队挖出4个定时雷带回炮楼。结果,没过多久,定时雷炸了窝,7个日军被送回了老家。

"土八路"能造定时雷,日军不肯相信这是真的,他们怀疑于化虎请来了地雷专家。明察暗访,一顿忙活,查来查去,毫无结果。日军气急败坏,到处悬赏要抓于化虎。

日军要抓于化虎,于化虎的"虎气"更加抖擞,频频率领民兵展开地雷战。日军防不胜防,叫苦不迭。

日军绞尽脑汁,只好在疑有地雷的地方画上白圈,在疑有地雷阵的地方写上"雷田"两个字,绕道行军。这一来,左一个圈、右一个圈,有些地方圈连圈。日军出动时,为了躲避圈圈,一个个眼睛瞪得圆圆的,嘴巴张得大大的,脖子伸得长长的,腿儿抬得高高的,落地放得轻轻的,远远看去,就像是在表演"东洋体操"。

于化虎带领民兵故意布下疑阵,在日军画的圈外,另外画圈,并在圈与圈间埋上地雷,把日军炸得血肉横飞,充分发挥了地雷战的威力。

"虎"闯"狼窝" 鬼子上天

1944年春,驻青岛的日军对盆子山抗

日根据地进行大"扫荡"。于化虎带领民兵在村西野虎山下埋设了20多颗子母雷,炸死炸伤日伪军40多人。黔驴技穷的日军从青岛调来了工兵和探雷器,于化虎和民兵们针锋相对,制成夹子雷、头发丝雷和梅花雷等防排雷。

渡河埋设地雷的民兵

慑于民兵地雷战的威力,据守海阳县城的日军,被围困在据点里,真是不敢越"雷池"一步。

"敌退我进,打狼就要进狼窝。"于化虎和他的队员们为地雷战的胜利所鼓舞,兴奋地商议着。但日军炮楼戒备森严,岗哨密布,怎么才能进去呢?

被地雷摧毁的日军坦克

1944年,仲夏之夜,蝉鸣蛙叫。日军炮楼里的灯光如鬼火时隐时现,加上日军偶尔放上一两声凄厉的壮胆枪,越发增添了炮楼的阴森和恐怖。于化虎和一位侦察员带着4颗25斤重的大地雷,潜伏在炮楼南门外的田地里已是第三夜了。

日军在书写防地雷标语

"今天又白等了!"侦察员有些遗憾。

"有情况!好像是马蹄声。"于化虎精神一振,小声说道。

"嗒、嗒、嗒……"由远至近,声音越来越大。于化虎和侦察员看见黑暗中4匹高大的战马向着炮楼南大门而来。

"机会说来就来。伙计,我想跟着鬼子进炮楼!"于化虎高兴起来。

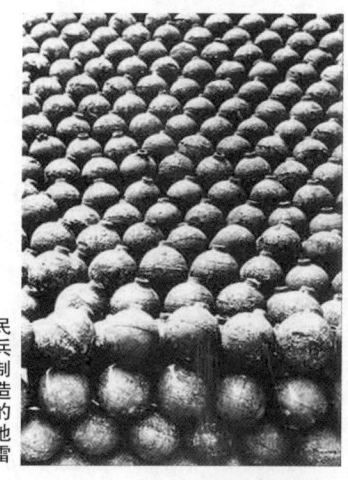

民兵制造的地雷

"不行！不行！这样太危险。"侦察员摇了摇头。

"三天三夜苦等苦熬，好不容易盼来这个机会，过了这个村就没这个店了！"于化虎一边脱衣服，一边说道。

"那好，要去一块儿去。"侦察员也开始脱衣服。

"多一个人，多一个目标。你就在外面等我。"于化虎命令道。说完，他在身边的泥塘一滚，成了泥人。随后将一条长绳捆在腰里，挂一把刺刀和一把小镢头，往两条裤腿各装进一个地雷套在脖子上，手里提着两个地雷，对侦察员说："如果地雷响了就是俺出了事，你回去报个信，否则咱不见不散！"

说着，日军大队人马已过去一半，于化虎光着脚，身负百斤地雷，跟上了日军的后卫。借着微弱的灯光，于化虎斜眼瞅了瞅门口的哨兵，哨兵做梦也不曾想到"土八路"于化虎会如此大胆，敢从自己的眼皮底下走进炮楼。

随着一声口令，日军停立在操场上，于化虎借机闪身钻进了厕所。不久，日军队伍解散了，日军一个个向厕所涌来。危急时刻，于化虎手扯一根雷弦，做好了与鬼子同归于尽的准备……

不过，日军没有发现于化虎！十几分钟后，厕所静了下来。于化虎轻手蹑足摸到操场，卧在地上，拔出刺刀和小镢头轻轻地掘着，凭着娴熟的埋雷技术，半个时辰一组子母雷已全部埋好。接着，于化虎攀上墙头，把绳子绑在墙垛上，身轻如燕一滑到底，剪断了三道铁丝网，安全回到侦察员身边。

第二天，日军集合出操。"轰、轰！"操场上霎时泛起滚滚黑烟……于化虎事后得知，他的子母雷共炸死鬼子26名，伤者无数。

"虎"威凛凛　救婴报捷

1945年春天，驻青岛日军突袭盆子山抗日根据地，对抗日军民进行血腥大"扫荡"。

这天清晨,村妇孙言竹刚生下孩子不久,村头突然响起凄厉的枪声和地雷被踏响的爆炸声。

"鬼子来了!赶快撤到北山!"民兵们大声喊着,帮助老弱撤走。孙言竹听到民兵的喊声,支撑起虚弱的身子跌跌撞撞地奔向北山。

"天哪!我的孩子、我的孩子呢?"孙言竹在北山上看着村子陷入一片火海,这才想起丢掉了孩子。为了救出孙嫂的孩子,民兵于振兴和年逾6旬的赵锡匠下山,不幸被日军捉住押着去踏雷。

鬼子的兽行令于化虎义愤填膺,他抓起一根柴棍折成了两截,走到孙言竹面前说:"孙嫂,你放心,只要有我于化虎,孩子就有救。"

夜半时分,于化虎带着几个队员围着村子观察敌情,摸清了敌人的岗哨规律,一个大胆的计划在他脑中形成了。

第二天夜半,于化虎带领民兵下山,干净利落地干掉了伪军岗哨。民兵们全部换上了敌伪军服。此时已是凌晨1点15分,离日军放流动哨的时间只有45分钟。

于化虎下令:"一排在村头放哨;二、三排进村设雷;四排掩护。我带两个民兵找孙嫂的孩子,听到猫头鹰叫三声,立即撤离。"

民兵埋雷(绘画)

化装成小媳妇的鬼子在偷雷(绘画)

地雷战让敌人有来无回(绘画)

布下地雷阵(绘画)

《于化虎战斗故事》
(1952年山东人民出版社出版)

1962年，八一电影制片厂拍摄的影片《地雷战》(海报)

影片《地雷战》中的赵虎形象

部署完毕，于化虎直插村北孙言竹家。屋子里黑洞洞的。布置好警戒，于化虎先到西间，摸了半天，炕上没有孩子，于是他转身进了东间，发现炕沿上露着八只脚。原来，这里躺着4个伪军。于化虎灵机一动，大模大样地喊道："别给我挺尸啦，起来站岗去！""别乱拉茶壶盖儿。老子现在升裱爹了，看孩子呢。"一名伪军不满地应道。

"孩子在哪？"于化虎的声音有些急促。

"这儿搂着哪。太君有令，明天就要拿她去活捉于化虎。"伪军全然没有发现丝毫异样。

"太君要我来看看孩子是死是活，给我！"于化虎凑近了。伪军睡意正浓，斜着身子把孩子递过去，倒头又打起呼噜来。

于化虎把耳朵贴在孩子鼻子上，一听孩子呼吸均匀，睡得正香。他解开衣襟，把孩子贴在胸脯上捆扎停当，划根火柴看表，时间是1点50分。

"起来！我就是于化虎。"

"啊！"4个伪军睡意顿消，触电一般唰地爬起来，哆哆嗦嗦直喊饶命。于化虎发出轻蔑一笑，押着伪军发出了撤离的信号，随即，放哨的、设雷的民兵一个不少地陆续回到集结地。

地雷战纪念馆

"同志们,给鬼子几颗手榴弹,该送他们回老家了!"于化虎说完轻轻拍着怀里的孩子,大踏步朝北山走去。

1945年夏的一天,日伪军集结400多人,对周围村庄进行"扫荡"。于化虎组织民兵,化装混入敌人内部,活捉14名伪军士兵,穿上伪军服装进村布雷,然后撤出村,开枪诱敌上钩。敌人慌乱中互相射击,地雷遍地开花,死伤47人。不久,敌人只好在青岛日军接应下一个不剩全部从海阳逃到青岛。

后来,北平出版的敌伪报纸在写到敌军踏进我根据地的情景时说:"踏上海阳的土地,正是如临深渊,如履薄冰,人人不安,谈雷色变。"

爆炸大王 收徒授艺

1944年10月,于化虎等5人受胶东军区委派,到烟潍线为1000多民兵骨干传授制雷、布雷技术,开展历时4个多月的地雷战。他在蓬莱附近一次布雷炸死炸伤日伪军28人。到抗战胜利时,他亲手培养起来的爆炸模范有20多名,会使用5种以上地雷的爆炸能手多达1400多人。他曾创造一枚自制地雷杀伤7名敌人的纪录。在参加抗战的5年时间里,于化虎用地雷炸死炸伤日伪军171人。他的制雷、布雷技术也传

1950年于化虎获"全国民兵英雄"称号

作家峻青和老英雄于化虎（左）亲切交谈（1995年）

地雷战雕塑

遍胶东。

八年抗战中，海阳军民利用地雷战，共作战数千次，涌现了600多名县级以上民兵英雄，歼敌1178名。

1945年，于化虎被评为"胶东民兵英雄"，胶东军区授予他"爆炸大王"英雄称号。

抗战胜利后，于化虎带领民兵参加了人民解放战争。1946年春，海阳县武装部抽调三个民兵连，组建县子弟兵团一个营，于化虎任营长。他率民兵营到即墨、崂山一带配合当地政府开辟新解放区。

一次，600多名敌军从青岛崂山出动抢劫，于化虎率民兵营伏击，救出被抓群众100多人，俘敌30多名，缴获一批枪支弹药。

1949年，于化虎担任了村党支部书记。

1950年9月，于化虎作为民兵代表，出席了在北京召开的全国战斗英雄代表会议，被评为"全国民兵英雄"。

2004年于化虎去世。

马立训
(1920-1945)

荣　　　誉：特等战斗英雄　爆破大王
出　生　地：山东省淄川县
民　　　族：汉族
诞　　　辰：1920年(具体日期不详)
逝世纪念日：1945年8月5日
牺 牲 年 龄：25岁

　　马立训，山东淄川(今淄博市淄川区)人，1920年出生在一个贫苦的矿工家庭。祖父和父亲长年在洪山煤矿做工，受尽了压迫和剥削。12岁那年，年迈的祖父死在工地，不久，他的父亲又因坑下事故被压死在煤窑里。为了养家糊口，年幼的马立训又到煤窑当小苦工，肩负起养活全家人的生活重担。不久，尚未成年的马立训，又被招募入国民党军当兵。

　　1940年4月马立训在博山小田庄被解放，参加了八路军，被编入八

1938年12月，八路军山东纵队开往沂蒙山区

八路军山东支队第三、四支队团以上干部合影

八路军机枪阵地

八路军缴获的日军武器

路军山东纵队第四支队第十二连。同年5月，十二连由博山县太河镇调往莱芜县桥店，整编为四支队三团一营一连。在连干部和战友们的帮助下，马立训很快成长为一名思想觉悟高、军事技术好、作战英勇机智的优秀战士，在他短短的一生里，充满着闪光的足迹。

从"机枪迷"到爆破手

1940年10月，部队奉命由泰山区调到沂蒙山区。这里群山连绵，沟壑纵横。当时，这里是山东党政军机关所在地，也是全省抗日根据地的中心，因而也就成为敌人"扫荡"的重点。敌人"扫荡"后，常在我根据地边缘设下据点，企图分割、蚕食和封锁我抗日根据地。部队来到沂蒙地界，受命拔除对我根据地危害极大的"钉子"。

敌人的这些据点大部分修筑在四周都是悬崖绝壁的岗上，只有一条供人行走的羊肠小道，有"一夫当关，万夫莫开"之势。为了攻克这些据点，部队挑选了最勇敢的战士组成精干的小分队，决定出其不意，夜间偷袭。马立训第一个报名参加了小分队。

他与战友们先后攻克了水塘岗、小红山、半边寨、油篓崮、小田庄、周家崮等险要据点。在拔除青蛇寺据点的战斗中,马立训手提浇上火油的公鸡,冒着敌人的炮火,冲到据点的围墙下,点燃"油鸡",狠狠地甩进敌人的据点内。据点内顿时火种连燃,烈火熊熊,敌人惊慌失措,四散奔逃……就这样,在开辟沂蒙山根据地的一次次战斗中,马立训总是舍生忘死,冲锋在前,表现出超人的机智和勇敢。

1941年春,敌人调集大批部队向我中心根据地"扫荡",我山东各部队展开了反扫荡战役,一举歼灭了汤头、尖子山、沙沟峪之敌,拔除了敌人安插在我根据地的全部据点。马立训协助战友炸毁莱芜吴家洼据点,炸死汉奸30余人。他还参加了攻打汪闪敌人据点的突击队。他和战友们冒着倾盆大雨,从汪闪围墙西南角登梯冲进庄内,与敌人展开巷战,全歼敌人一个中队,缴获捷克式轻机枪一挺。战后,上级将这挺机枪配给了马立训所在班。从此,马立训成了"机枪迷",没白没黑地操练,很快掌握了射击要领,并且能独立排除故障。

1941年5月,驻沂水县的日军出动了700多人到我根据地朱宝庄抢粮,上级命令我一、二连反击敌人。战斗打响以后,机枪手刘淑铭不幸中弹牺牲,马立训立即接过机枪向敌人猛烈扫射,把敌人的火力压了下去,掩护部队胜利冲进朱宝庄。在与敌人展开巷战时,马立训同志机智勇敢地把机枪架在墙头上,居高临下,痛击敌人。这次战斗,毙伤日军100余人,鼓舞了根据地广大军民的斗志。马立训因在此次战斗中立了大功,被提升为机枪班班长。

1941年7月,部队奉命挺进山东战略要地——蒙山。刚到达不久,日军就对这里展开了大扫荡,在蒙山周围安设了数百个据点,各个山口关隘也修筑了碉堡。敌人的严密封锁,切断了我军和老百姓的联系,造成了部队给养、医药供应的极大困难。马立训带领机枪班割草、抬石头,搭起了第一间小营房。没有粮吃,就挖野菜充饥;没有做饭的锅,就用脸盆代替;鞋穿破了,就用破布缝补一下;没有烟抽,就采来山间的石花和野黄花代替。火热的革命熔炉,艰苦的斗争生活,将马立训锤炼成出

只有沂蒙山才有的"崮"——山顶是平地,四周陡峭。

酷似碉堡的"崮"

蒙山

沂蒙山区

色的抗日勇士。

为粉碎敌人对蒙山的封锁,上级决定采取"敌进我进,打到敌占区"的方针,与敌人展开针锋相对的斗争。首当其冲的任务就是拔掉离部队最近、威胁也最大的岳家庄据点。

岳家庄据点设有五大碉堡,四周有坚固的围墙,墙外有壕沟、鹿砦护卫。我军最好的武器在敌人的碉堡面前都无能为力。为此,团长陈奇指示部队学习研究爆破技术,用炸药炸碉堡,摧毁敌人。马立训自告奋勇,和战友一起,仔细琢磨,认真研究,积极试验,在第一、二次攻打岳家村据点时,他们把炸药装在瓷罐里,用自制的"土"导火线引爆,没有成功。后来,马立训提出用破布和麻袋包紧炸药,用手榴弹引信作为导火线,把它们一起捆到木棍上,竖到敌人的碉堡下,然后引爆。这个想法一提出,立即得到团长的赞同,当即叫通讯员拿来两条缴获的破军毯,截成四块,扎了四个炸药包。当天晚上,部队对岳家庄据点发起第三次进攻。在火力的掩护下,马立训双手抱着炸药包,机智勇敢地冲到鹿砦下,随着"轰隆"一声巨响,敌人的鹿砦飞到了空中。马立训怀着兴奋的心情,紧接着抱起第二包炸药,炸开了据点的围墙。马立训越战越勇,又从战友手中夺过第三包炸药,冒着滚滚硝烟,冲向敌人的碉堡。随着震耳欲聋的巨响,战士们喊着"杀"冲进了岳家庄,全歼守敌100多名。马立训成为全团翘指称赞的一名爆破手。

"开路先锋" "神炮"威名

1942年春,部队奉命开辟鲁南根据地,马立训所在连整编为山东纵队第一旅第三团第一连。当时,鲁南环境比蒙山更艰苦,更复杂。在攻克南大顶、孙徐、石家楼等据点的战斗中,马立训总是手提炸药包,冲在最前头,摧毁了敌人的无数道鹿砦和无数座碉堡,领导和同志们称他为"开路先锋"。在山东泗水县孙徐战斗中,马立训连续炸毁日伪军4座碉堡,炸死日伪军60余人,特别是在歼灭惯匪刘黑七(本名刘桂棠)的战斗中,他更是大显身手。

刘黑七是个恶贯满盈、臭名昭著的大土匪,手下有几千人,勾结日寇,烧杀掳掠,无恶不作,是鲁南地区的一大祸害。1943年11月,马立训所在的部队担负攻打刘黑七老巢——柱子村的战斗任务。

柱子村位于费县南部,是刘匪苦心经营的一个最坚固的堡垒。刘匪的司令部和主力部队都驻在这里,整个村子有两道围墙,均有一丈多高,三尺多厚。围墙四周筑有突起的炮楼,刘黑七自称柱子村是"铜帮铁底"、"万无一失"。

11月3日,部队带着捆绑好的大小炸药包,抬着云梯,急行军40公里,于当晚9点运动到柱子村外围一片洼地里隐蔽下来。一连连长命令"偷爆",马立训抱起炸药包,"嗖"地跳出掩体,借着夜色的掩护向前冲去。围墙上的敌人发现后,立即向他猛烈扫射,子弹像密集的雨点向他飞来,但他毫不畏惧,机智地滚进围墙下的一条小沟里,借着火光向围墙张望。经过观察,他决定将爆破点放在碉堡与围墙的结合部,这样既能炸开碉堡,又能将围墙炸开缺口。他看准爆破点,抱起炸药包,跃出小

开国英模

马立训炸毁的敌围墙

爆炸瞬间

山东泗水战斗旧址

八路军山东纵队司令员罗荣桓（左二）、参谋长陈世渠（左一）、政治部主任肖华（右一）在沂蒙天宝山区。

沟，灵活地运动到围墙下，将炸药包放在看好的爆破点上，迅速拉开导火线，翻身滚进身边的沟里。一声巨响后，敌人的炮楼炸掉了半边，围墙炸开了一个缺口，部队乘机发起冲锋，迅速攻进了第一道围子。经过一场激烈的巷战，刘匪全部退进了第二道围子里。二道围子的工事比一道围子的工事还要坚固，刘匪企图负隅顽抗。

马立训冒着敌人的炮火，迅速将炸药包送到了东门，一声巨响，东门炸塌。在硝烟中，部队发起冲锋。这时，刘匪猛烈反击，成百名匪兵怪叫着从缺口压过来，妄图将我军赶出围子。马立训手疾眼快，立即将随身携带的小炸药包连续投向敌群，炸得匪兵血肉横飞。其中有一个炸药包炸燃了敌人的马棚，顿时火光冲天，受惊的百余匹战马狂嘶乱叫，挣脱缰绳，四处狂奔。刘黑七的老巢霎时乱作一团，溃不成军。我军越战越勇，直捣刘匪司令部，当场击毙了刘黑七。

马立训英勇果断连破敌阵立了大功，被誉为鲁南三团的一门"神炮"。不久他光荣加入中国共产党，被提升为一连二排排长。

1944年7月，山东军区召开隆重的英模大会，马立训被选为战斗英雄出席，并在会上介绍了他的英雄事迹。山东军区司令员罗荣桓、政治部主任肖华等首长亲切接见了他,并授予他"特等战斗英雄"和"山东爆破大王"的光荣称号。

"爆破大王" 威震敌胆

1945年2月3日,上级命令攻打泗水城,三团一营担负主攻西门的战斗任务。

泗水城是座古城,周围是又高又厚的围墙,围墙上筑有许多炮楼。部队为保证突击成功,选择了两个突破点,同时突击,迅速打开了城门。马立训端着机枪,冲锋在前,与战友们一举占领了泗水守敌荣子恒的司令部。荣子恒狼狈逃窜,被我军当场击毙,其余敌人逃到伪县府内一个核心大碉堡中,企图固守顽抗。

核心碉堡有四层楼高,构筑坚固,日军指挥官石川、顾问泽金见、伪县长李香亭、汉奸队长孔运谦等200多人龟缩在里面。为了攻克这座碉堡,将日伪军一网打尽,营长带领马立训爆破组借月光察看好地形,选

八路军山东纵队过沂河奔赴抗日前线

八路军阵地

根据地人民抓紧生产支援前线

山东民兵在战斗

好爆破点，决定从碉堡西北角进行爆破。第一名爆破员抱着炸药包刚刚冲到碉堡附近的开阔地就被敌人击中，负伤倒下了。马立训立即跃出掩体，飞速冲向前去，接过30公斤重的大炸药包，冒着敌人的弹雨向碉堡冲击。他时而奋进，时而卧倒，忽东忽西，曲线前进。子弹从他身边呼啸而过，但他毫不在乎，勇往直前。

战友们望着他的背影，都捏着一把汗，突然，在敌人密集的弹雨中，马立训倒下了，几秒钟过去，未见他起来的身影。营里的几位负责同志的心骤然紧缩起来，目不转睛地望着马立训倒下的地方，猜测着可能发生的不幸。正当大家焦虑不安，准备再派爆破员上去时，马立训竟神奇地出现了。他擦着汗水，异常兴奋地说："营长、教导员，我已经将炸药放到了适当的位置，拉开了导火线，马上就要爆炸了！"他话音未落，地动山摇，敌人坚固的大碉堡，被炸开了一个大洞。敌人被这惊天动地的爆炸声吓得魂飞魄散。我军趁着硝烟冲进了碉堡。日寇指挥官石川被我军击毙，伪县长李香亭、汉奸队长孔运谦等200多人全部被俘。泗水城解放了！山东军区首长罗荣桓、肖华通令嘉奖了参战部队。马立训在这次战斗中又立下大功。

3月，在沙沟崖战斗中，由于国民党顽

固派军队构筑的炮楼在斜坡上,难以实施爆破,马立训用木棍绑扎三脚架,逼近炮楼,将炸药包送至炮楼半腰,冒着守军机枪的扫射,紧紧撑住木架,直至即将爆炸的瞬间才转身隐蔽,一举炸毁炮楼。

离泗水城45公里,有个庞庄,驻扎在这里的伪军师长刘凤林听到泗水城被我军攻克后,吓得患了"恐'神炮'病"。他命令部下抓了300多名老百姓拆房砍树,沿庞庄筑起了一道三丈多高、一丈多厚的"土围子",并在围子外挖了一条大壕,壕内放满了水,架起了吊桥。壕外边还设了一道鹿砦。为此,刘凤林自鸣得意,认为对付"神炮"万无一失了。

5月的一天晚上,刘凤林正做黄粱美梦之际,马立训带领的爆破组已潜伏到他盘踞的据点附近,借着夜幕的掩护,将第一包炸药送到了鹿砦下,猛然"轰"的一声,鹿砦上了天。被惊醒的敌人惶恐万状,大叫:"'神炮'来了,快起吊桥!"说时迟,那时快,马立训一个箭步窜上了刚要拉起的吊桥,飞身把第二包炸药放到了门楼下,又一声巨响,门楼上的敌人连同半个门楼一齐上了天。刘凤林自封为"铁打的庞庄",顷刻间被"神炮"打成了"豆腐渣"。

敌人的据点一个个被炸开,"神炮"的传说也越来越神了。日伪军闻之无不胆战心寒。临沂西部的顽军司令王洪九秉承日军主子的旨意,到处张贴布告,通缉"神炮"。布告上写道:"凡缴'神炮'者,重赏大洋五百块;缴炮弹者,赏大洋三百块;窝藏'神炮'者,满门抄斩!"王洪九还派出密探四处打听,当得知八路军的"神炮"姓马时,便下令各据点把姓马的老百姓都抓起来审查,但敌人枉费心机,没查出一个"神炮"来。王洪九心虚胆怯,又命令各据点加固工事,以对付"神炮"。他把自己盘踞的寿衣庄据点的围墙筑成双层,并且用土坯构筑,墙脚下堆有很厚的积土,形成坚固的斜坡,妄图使我们的爆破难以生效。

在攻打寿衣庄据点时,马立训针对敌人"特殊工事",很快想出了"空爆法",把炸药捆在云梯上,专炸敌人碉堡的上部。为了确保"空爆"成功,营里组织了火力组和投弹组,掩护马立训白天"空爆"。马立训带

山东滕州阎村

马立训

马立训（绘画）

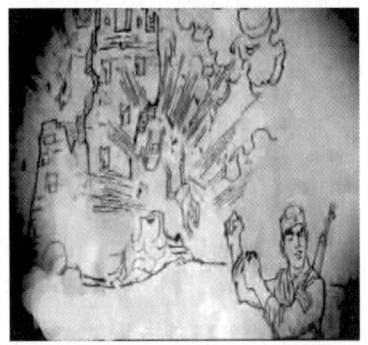

马立训（绘画）

领"空爆"组的十二名战士抬着云梯和炸药，冲到了敌人的炮楼下。他紧紧地握住云梯上的支撑杆，将云梯通向炮楼，接着拉开了由绳子连接的导火线……"太棒了！"望着马立训敏捷的动作，大家情不自禁地惊喜起来。可是，"轰"的一声，只见尘土飞扬，炮楼却纹丝没动。"空爆"没有成功。原来，由于炸药太重，云梯偏倒了，炸在了炮楼底部的积土上。马立训当机立断，下令撤回阵地，在云梯上增加了两条支撑杆，又一次地冲向炮楼。他指挥战友们将云梯牢固地支撑在炮楼上，猛地一拽导火线的拉绳，伴随而来的是一声惊雷，炮楼上便开了一个"天窗"。

战斗刚刚结束，上级又命令一营立即赶到沙沟崖，协助兄弟部队作战。沙沟崖是王洪九的又一个重要据点，兄弟部队攻了两天没有攻克。马立训决定再次采取"空爆"，对付沙沟崖敌人的"特殊工事"。马立训带领爆破组连放三"炮"，将据点的东南角炸开，部队迅速突进，赢得了攻克沙沟崖据点的胜利。

阎村血战　壮烈殉国

1945年8月，三团奉命攻克津浦铁路以西的重要据点——阎村，以孤立滕县、

马立训

滕州市革命烈士陵园阎村战斗史料

邹县、临城的敌人,为我军展开胜利大反击扫清障碍。

当时,盘踞在阎村的守敌申现五,有1500余人。他是鲁南地区有名的顽匪。他为了对付我军的爆破攻坚战术,在阎村修筑了坚固的防御工事。这次担任主攻任务的重担又自然地落到了马立训和他领导的爆破班身上。

8月3日,攻打阎村的战斗一打响,马立训带领爆破班冲锋在前,接连炸毁了阎村两道外壕中间的警戒碉堡。但是,由于当时正值酷暑季节,雷雨不断,给爆破突击带来极大不利,所以一直持续到8月5日,仍未攻克。晚上9点,马立训带领爆破组对东南角炮楼实行爆破,一举成功,炮楼被炸开一道缺口。他随即率领二排全体战士向刚刚炸开的缺口冲去,不幸被敌人的子弹射中胸部,倒在血泊之中。营里的几位负责同志得到马立训同志负伤的消息后,立即赶到现场。月光下,他脸色苍白,鲜血染红了上衣。他以激动而微弱的声音说道:"碉堡炸开的缺口太小,不能冲锋!"话音刚落,他就停止了呼吸,牺牲时还不到26岁。

马立训牺牲的消息一传开,全团指战员痛哭失声。大家怀着对敌人

滕州烈士陵园

沂蒙山根据地纪念碑

的满腔怒火,高呼着"为马立训同志报仇"的口号,向敌阵发起了总攻击,攻克了阎村,全歼守敌1200余人,俘敌300余人,活捉了伪顽司令申现五及其参谋长马光汉,缴获轻重机枪16挺,取得了持续了七天七夜的阎村攻坚战的胜利。阎村战后,我军以摧枯拉朽之势,迅速解放鲁南。

战后,部队为马立训举行了隆重的追悼大会,沉痛悼念这位南征北战、功勋卓著的战斗英雄。《鲁南时报》刊登了悼念马立训同志的文章,追述他的英雄事迹,对他在实战中使用的"偷爆"、"空爆"、"飞行爆"、"连环爆"等一系列爆破技术和战术给予了高度评价。马立训同志不愧为我军的"爆破大王"、八路军的一门"神炮"、部队的"开路先锋"。

同年9月,为了纪念马立训,鲁南军区命名马立训所在的二排为"马立训排",阎村改名为"立训村"。英雄的鼓舞力量巨大,马立训所在的一连到全国解放时,先后涌现出108名战斗英雄,被誉为我军的"人民英雄连"。

新中国成立后,这个连队和"马立训排",一直坚守在祖国的东南沿海,为保卫祖国作出了贡献。

毛泽民
(1896–1943)

荣　　　誉：红色金融奠基人
出　生　地：湖南省湘潭县
民　　　族：汉族
诞　　　辰：1896年4月3日
逝世纪念日：1943年9月27日
牺 牲 年 龄：47岁

父子携手摆脱贫困

毛泽民，字润莲，1896年4月3日生，湖南省湘潭县韶山冲人，毛泽东的大弟弟。

毛泽民8岁那年，便和哥哥毛泽东一道在村里的南岸私塾读书。从8岁到14岁期间，毛泽民断断续续读过4年私塾。在他9岁那年，小弟

韶山毛泽东故居

1919年春，毛泽东同母亲文七妹、弟弟毛泽民（左二）、毛泽覃（左一）在长沙合影。

毛泽覃出生了。为了帮助母亲照顾弟弟，毛泽民辍学了，直到弟弟3岁后，才重新回到南岸私塾读书。

1910年，毛泽东去湘乡东山高等小学堂读书，父亲毛顺生感到无力同时供养两个儿子读书，毛泽民又辍学了。14岁的毛泽民成了家里的壮劳力。他和父亲一起下地种田，还经常挑着100多斤的担子去送米。他不仅农活儿做得好，喂牛、养鱼、碾米、砍柴、打桐油，样样都干。

1913年，毛泽民完婚。婚后，他便从父亲手中接过种田理家的重担。父亲外出经商，种田持家就全靠毛泽民夫妇，只有农忙时才请雇工帮忙。毛泽民宽怀大度，深得民心。每当请月工，只要毛泽民一招呼，谁都愿意来帮工，一是他给人家吃得好，不仅有肉，还能吃到他家鱼塘里的鲜鱼；二是他会当天付工钱，从来不拖欠。那时，毛泽民在家里种田，终年辛勤劳作，照料父母，供哥哥和弟弟在长沙读书，从来没有一点怨言。

1915年至1918年，毛家经营顺利，家里的田产增加到22亩。父亲毛顺生将老屋的茅草屋顶换成了青瓦屋顶，又先后为儿子们建造了居室,还建造了农具室、牛栏、柴房等,一共13间半瓦房。可以说,毛家真正富裕起来,这是毛泽民与父亲共同劳作、经营的结果。

1920年父母双亡后,他更是担起了经营家业的重任。

心济苍生走向革命

1921年正月初六,毛泽东带着毛泽覃回到韶山。晚饭后,全家人围在火塘边,一边烤火,一边聊天。

毛泽东十分了解毛泽民的为人。弟弟忠厚老实,做事认真,人也精明,所不足的就是读书不多,见世面太少,革命道理懂得有限。面对着通红的塘火,毛泽东语重心长地开导毛泽民:"现在,爹娘都死了,屋里只剩下你们两公婆。这些田你们做不了,还要请人帮忙,加上兵荒马乱的,怎么过得下去呀?我的意思是,田,我们不做了,这个家,我们也不要了,把屋里收拾一下,我们都走!"

听到这儿,毛泽民坐不住了,急火火地问道:"我不种田,哪有饭吃?!"

毛泽东非常喜欢这个吃苦耐劳的大弟弟,对他的劝说也更加耐心:"润莲啊,我们不能只想着自己的小家,只顾自己有

毛顺生

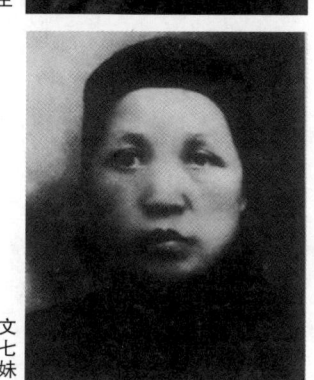

文七妹

小资料

毛泽民为父亲写的简历

1939年夏至1940年初,毛泽民在苏联养病期间,根据共产国际干部部的要求,曾为毛泽东代填了一份履历表,在"父亲"一栏里,清晰地回答了这些问题:

毛顺生。生于1866年(应为1870年)的湖南省,湘潭县西二区韶山南岸村。卅岁以前,专为耕种,卅岁后,耕种兼农村贩卖商业。按中国苏维埃阶级分析,最后三年是富农。原有祖田15亩,半栋房屋,两块柴山,但负债很多,经勤苦努力,于1915年买叔父田7亩,但仍负债,1915~1918年商业顺利,得走上富裕的中农,1928年被(国民党)没收。1919年(应为1920年)去世。

饭吃,要使全国人民都有饭吃!怎么才能办得到呢?就是走出去干革命!这叫'舍小家,为大家',那么,我们只得离开这个家了!"

在毛泽东的启发和开导下,"舍家为国"这个理儿,毛泽民是想通了,但要完全抛弃这个家,心中确实难以割舍:毕竟这些田地、房屋,都是祖上几代人辛苦积攒下来的,其中还有他们夫妻的辛劳。土地、房屋带又带不走,送人又舍不得,都出去干革命,也要为家人留一条后路吧?如果连房屋都送出去,今后回来,连个落脚的地方都没有了……

毛泽东最了解弟弟的心思,听了他的一番陈述后,笑着说:"这个嘛,好办又不好办。你们若是下了决心,出去就不再回来了,那就田和屋都不要了,这叫做背水一战,置之死地而后生。不过,润莲的考虑也有道理,虽然我们是横下心来干革命,不要这个家了,但总还是有个后方好些,再说革命也需要经费。"

话是这么说,但要把祖上留下的家业安置妥当,也不是一两天就能办到的。毛泽东想了一下说:"田让给又穷又会做田的人去做,屋就让做田的人住,你做主找人就是了。"

毛泽民按照大哥的要求,做好离家前的各项善后工作,不久也带着妻子到了长沙。毛泽东安排毛泽民在湖南第一师范附小任校务,同时在该校工人补习学校学习。毛泽民担任学校的校务,负责管理全校师生的伙食,理财能力初露锋芒。

1921年秋,毛泽民在毛泽东创办的湖南自修大学半工半读,除了在自修大学任庶务,为党筹集管理经费,同时还兼任了省学生联合会的庶务。当时,自修大学经费靠船山学社社址每月400圆的社务经费维持。毛泽民处处精打细算,节省开支,力求把为数不多的经费使用得当。也是从这时起,在毛泽东的指导下,只上过四年私塾的毛泽民开始全面学习文化知识,并参加补习学校。

1921年底毛泽民加入中国共产党。1922年11月,参加组织领导长沙笔业工人罢工。

1925年2月，毛泽民随毛泽东到湘潭、湘乡开展农民运动，在韶山建立了第一个农村党支部。从此，毛泽民开始职业革命家的战斗生涯。

工人运动　理财能手

毛泽民是我党领导的第一个股份制经济实体——安源路矿工人消费合作社的总经理。

1922年底，毛泽民赴安源从事工人运动，担任工人俱乐部经济股股长。1923年2月7日，安源路矿工人消费合作社在安源老后街正式开业，这是中国共产党领导下的第一个股份制经济实体，毛泽民是重要参与组织者之一。8月，毛泽民被最高代表会任命为工人消费合作社总经理。在韶山时，毛泽民管过"小家"，到长沙后又逐步管理起"大家"，但毕竟规模不大，人员也不多，资金最多不过千百元。而现在，工人消费合作社总资金高达数万元，涉及上万工人股东的切身利益。

办好消费合作社是与资本家进行经济斗争的重要手段之一。为了办好合作社，毛泽民经常到工人和家属中进行调查，根据群众的需要，派人去长沙、汉口等地采购物美价廉的生活用品，由株萍铁路

安源路矿工人大罢工

安源路矿工人大罢工谈判处

安源路矿工人消费合作社当年盛况

安源路矿工人消费合作社原址

职工顺车捎回。这样一来,工人消费合作社的物价比当地市场至少便宜三分之一以上。毛泽民还想办法从浙江、广东搞来食盐,从其他地方采购豌豆、蚕豆等小杂粮。每次合作社来了紧俏货,毛泽民就当起货郎,挑着担子,给住在边远地区的工人送去。

工人消费合作社的迅速发展,使资本家、包工头开办的大小商店受到威胁。他们纷纷联手,企图挤垮合作社。一些不法商人也乘机从合作社套购货物,转手渔利。毛泽民很快发现了问题,果断实行凭证购物的办法。合作社特制了万余枚记名购物木牌,发给社员。

随着合作社的资金不断积累,毛泽民又将合作事业进一步扩充和完善,增设了若干个合作分社,还购置了多台缝纫机,开办了缝纫实习工厂和服装店,订做各类服装。管理人员和营业人员也由20多人增加到近40人。

为了解决合作社的周转资金,在毛泽民的建议下,工人消费合作社发行纸币10万元,虽然流通范围仅局限于安源路矿的数万名工人和家属,但却是中国共产党革命斗争史上最早的货币,是党领导金融事业的最初尝试。

出版经营 大显身手

1925年11月,毛泽民奉命去上海,调任中共中央出版发行部负责人。为了适应地下工作的需要,他化名杨杰,公开身份是某印刷厂的老板。他脱掉了土布短装和布鞋,身穿长衫马褂,时而又西装革履,出入报馆、书店和发行所,潇洒大度,侃侃而谈,俨然一位出版界的大老板。

毛泽民主要负责发行《向导》周刊。《向导》周刊是中国共产党的第一份中央机关刊物。毛泽民接手发行工作时,接收的资本仅有72元3角8厘。发行部的一切经费全靠自身收入开支。出版发行工作对于毛泽民来说,是一个从未接触过的陌生领域。凭着一往无前的开创精神,毛

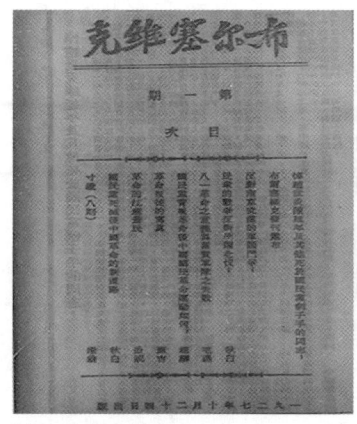

《布尔塞维克》

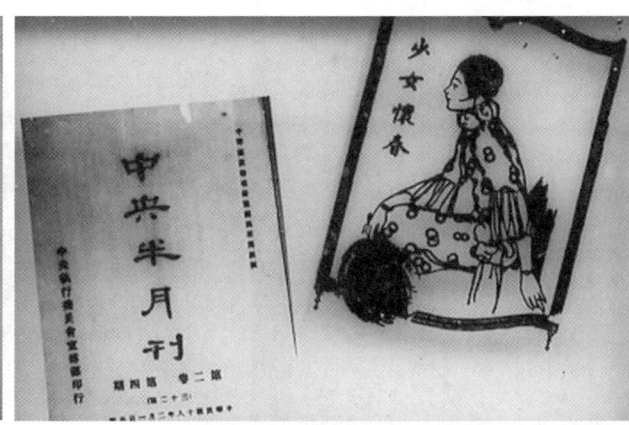

采取伪装封面和目录及化名出版的《布尔塞维克》

泽民不断摸索印刷发行的经验,掌握其中的规律,还结识了许多业内朋友,很快就担负起党的"出版印刷发行之总责"。

当时,上海书店是中央出版发行部公开的发行机构,但店址较偏僻。为方便广大读者购书,扩大革命书刊的销售量,毛泽民建起了多个分销处,又建立起一套秘密印刷发行机构,专门负责党中央文件和内部刊物的印刷及发行。

毛泽民奔波于全国各大城市,建立和扩大革命书刊的分销渠道。随着大革命的蓬勃开展,分销处由最初的上海、北京、广州、长沙4地,发展到全国20多个大中城市,在香港、巴黎和柏林也设有代售处。以至于书刊尚未印刷,就收到上千元的预约款。毛泽民将这些预约款作为资本,使发行工作得以迅速发展。到1926年底,即毛泽民到任一年时间,出版发行部进行内部结算时,已经赢利1.5万余元。

大革命失败后,毛泽民随毛泽东参加秋收起义。1927年11月初,党中央紧急调他回上海,恢复党的出版发行工作。然而,摆在毛泽民面前的却是令人十分骇异的窘境。他离开发行部时移交的书款、存书和账目遗失殆尽。他又是两手空空,一切从头做起。毛泽民从发行党内刊物《中央通讯》和党中央理论刊物《布尔塞维克》着手,逐步理清头绪,迅速打开局面。面对国民党当局的严密搜捕和层层检查,他用了很多心思,指

五分的苏维埃国家银行纸币

壹元的苏维埃国家银行纸币

中华苏维埃共和国的第一台印钞机——石印机

示印刷厂给革命刊物装订上假封面,曾先后使用《少女怀春》、《中央半月刊》、《新时代国语教授书》、《中国文化史》、《金贵银贱之研究》、《经济月刊》、《中国古史考》、《平民》、《虹》等9个假封面。其中《中央半月刊》是以国民党机关刊物做封面来迷惑敌人,从而保证党中央的机关刊物和革命书籍源源不断地转送到读者手中。

协盛印刷所是党中央最大的秘密印刷机关。毛泽民兼任协盛印刷所的负责人。1929年夏天的一个上午,20多个巡捕房的密探突然闯进协盛印刷所。当他们发现车间里正在印刷共产党的宣传品时,便立刻封锁了弄堂口,对印刷所进行大搜查。他们拿着几张刚刚印出的传单,恶狠狠地质问毛泽民。

毛泽民镇静地回答说:"我是商人,不懂什么共产党!人家给的价钱大,又是现金,我为什么不干?我得养活厂里的几十个工人呢!"

领头的不容分说,将全体工人集中关押在一个车间里,又令人给毛泽民戴上手铐,秘密押到一家旅馆里。经过毛泽民的"谈判",付了800元,化解了这场危机。考虑到中央出版发行机关的安全,党中央决定调毛泽民去天津中共河北省委工作。没过多久,协盛印刷所的全部机器设备连同

中华苏维埃国家银行旧址位于瑞金红花岗区老城杨柳街口

瑞金叶坪的中央苏区国家银行金库

那位杨老板,神不知鬼不觉地从上海滩消失了……

红色金融 伟业肇基

1931年7月,毛泽民进入中央革命根据地,任闽粤赣军区经理部部长。1931年12月,任中华苏维埃共和国临时中央政府财政委员会委员兼国家银行行长。在国民党军的严密封锁和军事"围剿"的极其困难条件下,毛泽民为中央苏区统一货币,统一财政作出重要贡献,被冠以"红色财魁"、"红色金融奠基人"的美称。

开始筹建国家银行工作时,毛泽民面临着统一财政、调整金融、加强苏区经济建设、保障红军作战的艰巨任务。他仅仅用了两个多月的时间,国家银行便正式营业。国家银行是真正意义上的"全能"银行。它不但有中央银行的金融管理职能,也有商业银行的经营职能,不但经营金融业务,还直接介入生产流通。

在毛泽民的带领下,苏区逐步建立起了财政收入统归国家银行管理的现代中央银行制度,彻底改变了以往红军战利品和各地财政自收自支、财力分散的局面,中国革命斗争也有了更好的财政经济支持。这时,毛泽民深感凭自己从前的财会经验不足以建立系统、完善的银行制度体系;在无法延请专家,也无先例可循的情况下,他另辟蹊径,要求银

小故事

一杯开水与一碗米粉肉

苏维埃国家银行行长毛泽民是中央苏区廉洁自律的模范。他从不搞特殊化,就连他的兄长毛泽东前来视察时,他也坚持不用公费招待,有时仅是一杯开水而已。

有一次,方志敏的胞弟、中共黎川中心县委书记方志纯,招待省委检查工作的领导吃了一碗米粉肉,到财务报账时,毛泽民坚决不同意,并严肃指出:"现在是战争时期,我们不能乱花一个铜板,领导干部更要率先艰苦奋斗,不应该用公款招待。"他对方志纯说:"志纯同志,这笔钱要从你自己的伙食费中报销!"

在毛泽民的严格要求下,中央苏区国家银行从未发生过贪污盗窃和行贿受贿案件。

中华苏维埃共和国经济建设公债券

行工作人员深入红军各部,号召战士们在清理战利品时,将有关经济的表格、书籍、用具等一律收回,然后集中进行研究,并将规律综合归纳出来。仅用了几个月的时间,毛泽民就整理总结出《中华苏维埃共和国国家银行暂行章程》、《国家银行往来存款暂行规则》、《暂行汇兑规则》等一系列规章制度,规范了国家银行的运营管理。

面对当时货币品种繁杂、行市差价不一和白区派遣特务套购根据地物资、侵扰苏区货币市场的混乱局面,毛泽民从发行统一货币入手,重建苏区货币金融体系。为了尽快印刷出纸币,在去上海、香港影制钞版、购置印制材料未果之后,毛泽民决计自己动手造纸。没有造纸原料,他就号召大家捡些烂麻袋、破棉絮,上山砍毛竹、剥树皮,收集鞋底、绳头。作为国家银行行长,毛泽民常常走在这支"捡破烂"队伍的最前头。捡回来的东西全部弄碎后在石灰池中浸泡,然后捣成纸浆用于造纸。

在大家的努力下,苏维埃国家银行在1932年7月7日印制出第一批纸币。

1932年年底,中央造币厂成立,以缴获的银器、首饰、铜材等生产银元和铜元。经中央批准,规定以银元为本位币,纸币为银币券,1元银币券兑换1元银元,银币券为国币。有了统一的货币,毛泽民会同苏区财政部门宣布一切交易和纳税均按国币计算,白区纸币禁止流通,原苏区银行发行的货币按比例限期收回,不再使用。

到1932年年底,苏维埃国家银行印制、发行银币券65万元,在苏区顺利流通,一举扫清了昔日货币市场的混乱。时任中央政府副主席的项英称赞说:"苏区财政金融的统一,是毛泽民同志的一大功劳。"

1933年,由于国民党加紧了经济封锁,使得苏区物资匮乏,物价上涨,纸币贬值;同时大量假币流入苏区,扰乱了金融市场,而各级苏维埃政府对国家银行纸币的宣传还不够,部分地区发生"挤兑"现象。毛泽民毅然决定从国家金库中拿出大批银元兑换,并采取措施提高国币的信誉,成功应对了此次"挤兑"风波,使苏维埃银行国币的优良信誉得以树立,成为苏区真正意义上的法定货币。

在毛泽民的带领下,中国红色金融事业步上坦途。

发展经济 支持革命

为了发展生产,增加财政收入,毛泽

五分的苏维埃国家银行铜币

贰角的苏维埃国家银行银币正面

壹圆的苏维埃国家银行银币正面

壹圆的苏维埃国家银行银币背面

开国英模

小资料

中共反腐第一枪

1933年12月15日,中华苏维埃共和国中央执行委员会下发了由主席毛泽东、副主席项英签发的《关于惩治贪污浪费行为》的第26号训令。这也是中国共产党成立以来,所颁布的第一个反腐败法令。训令规定,凡苏维埃机关、国营企业及公共团体工作人员,贪污公款在500元以上者,处以死刑;贪污公款300元以上500元以下者,处以两年以上五年以下的监禁。

中国共产党反腐败历史上枪毙的第一个贪官叫做谢步升。他是瑞金县九区叶坪乡人,家境贫穷,十二岁起给地主打短工,1929年参加工农武装暴动,任云集暴动队队长。第二年,谢步升参加中国共产党,并任叶坪村苏维埃政府主席。这个官职虽然不大,但随着苏维埃临时政府的建立,他的声望陡然增高,思想作风逐渐变质。他偷盖苏维埃中央政府管理科的大印,伪造通行证证件,私自贩运水牛到白区出售,每头牛获利大洋三元。为了获得一位八一南昌起义南下部队掉队的红军军医的金戒指和毯子,不惜将这位军医秘密杀害。谢步升生活腐化堕落,竟然与一个大地主的老婆勾搭成奸。为了长期包养这个地主婆,他嫌自己的妻子杨氏碍手碍脚,便把她赶回了娘家。1932年2月,谢步升企图强奸同村的一个妇女,被举报到瑞金县苏维埃裁判部。然而,查办这个案件的时候却遇到强大的阻力。谢步升的入党介绍人,即当时在苏区中央局任职的谢春山,认为谢步升并无大

民深入苏区各县进行调查了解。他发现在赣南的安远、宁都、会昌等地,蕴藏着丰富的钨砂资源,可以进行开发利用。于是,他向中央临时政府提出了建矿开采钨砂的建议。1932年春,经中央临时政府批准,在会昌县铁山垅成立了"中华苏维埃钨矿公司"。后来毛泽民兼任公司总经理。

从1932年钨矿开工到1934年10月,中华苏维埃钨矿公司发展到最大规模,仅盘古山、铁山垅、小垅三个公营矿场就有工人近5000人,共生产钨砂4193吨,总值达400多万元,增加了苏维埃共和国的财政收入,有力地支援了革命。

由于国民党政府连续的大规模军事"围剿"和经济封锁,苏区军民的生活非常艰苦。钨砂出口是对外贸易的重头戏,毛泽民亲自出马,来到赣州城,部署钨砂出口事宜。经过周密安排,终于建立了和粤军的钨砂交易通道。同时,毛泽民利用闽西苏区土特产品非常丰富的特点,部署外贸总局在汀州设立了分局,在上杭、连城、宁化、新泉等地设立了采办处,利用便利的水陆交通组成了对外贸易网,有计划地组织群众开展贸易活动。毛泽民在赤区和白区间建立贸易"特区",用苏区土特产和矿产品换回根据地急需的物资,极大地改善了中央苏区的物资供应状况和生活水

平,有力地支持了革命战争及根据地的建设和发展。1933年5月,毛泽民兼任闽赣省苏维埃政府财政部部长;1934年9月,兼任国民经济部对外贸易总局局长。

毛泽民向中央临时政府提出用发行公债的办法来筹措资金。中央临时政府采纳了毛泽民的建议,决定由国家银行具体负责公债的发行工作。从1932年7月至1933年7月的一年时间里,国家银行发行了三期公债,共筹资480万元,有力地支持了苏区的革命战争和经济建设。

与此同时,毛泽民还领导国家银行开展了储蓄运动,动员广大群众将日常生活中节省的零用钱存入银行,然后银行运用这些社会余资,投资到粮食、耕牛、消费、信用等各种合作社,发展苏区经济,扩大对外贸易。

扁担银行　胜利长征

1934年10月,毛泽民作为中华苏维埃共和国国家银行行长随中央红军参加长征,并担任中央纵队第十五大队政委,兼没收征发委员会副主任,负责筹粮、筹款和全军在长征路上的粮草供给工作。毛泽民率领警卫队伍挑着由黄金珠宝、苏区生产的银元和票子、印钞机等组成的160

红军时期的邓小平

错。于是,在没有调查的情况下,苏区中央局的领导通知瑞金县裁判部释放谢步升,并称由中央局调查处理谢步升的问题。

不久,时任中共瑞金县委书记的邓小平得知此事后十分气愤,拍着桌子说:"像谢步升这样的贪污腐化分子不处理,我这个县委书记怎么向人民群众交代?"他决定亲自去苏区中央局,反映谢步升的犯罪事实,同时要调查员去向毛泽东主席汇报情况。毛泽东当场表态:"腐败不清除,苏维埃旗帜就打不下去,共产党就会失去威望和民心!与贪污腐化作斗争,是我们共产党人的天职,谁也阻挡不了!"

1932年5月5日,瑞金县苏维埃裁判部对谢步升进行公审判决,判处谢步升死刑。谢步升不服,向中华苏维埃共和国临时最高法庭提出上诉。1932年5月9日,中华苏维埃共和国临时最高法庭开庭审理,驳回了谢步升的上诉,维持原判,并判决:把谢步升处以枪决,在三小时内执行,并没收谢步升的一切个人财产。当日下午,红都瑞金响起了中华苏维埃临时中央政府成立后第一声惩治腐败分子的枪声。

1932年兼任铁山垅钨矿总经理的毛泽民

铁山垅矿区内的毛泽民纪念亭

铁山垅矿区

多担国家银行资财,踏上了漫漫长征路。

在长征路上毛泽民继续开展财政金融工作。1935年1月,中央红军进驻市面上只流通银元而不流通国家银行纸币的遵义。毛泽民决定趁长征以来红军从未有过的10天休整之机,发行国家银行纸币,补充红军急需物资;为做好货币回笼工作,不让人民受损,特在遵义新城商业中心区设立货币兑换处。毛泽民将从当地军阀王家烈家中没收的大批食盐以低价卖给民众,但规定只收国家银行发行的纸币。这样一来,当地民众卖出自己的物品获得纸币,再用纸币去购买珍贵而价廉的食盐,形成了货币流通的一个良性循环。

1935年7月,毛泽民任中央红军总供给部副部长。1935年11月,红军长征到达陕北后,毛泽民出任中华苏维埃工农民主政府国民经济部部长。他率国民经济部突破封锁,从关中购运布匹和棉花,组织边区群众为红军赶制棉衣,在安定、永坪组织生产煤炭,领导恢复延长油矿采油、炼油生产,在陕甘宁三省边界组织盐业生产和贸易、运输,为红军扎根陕北提供生存和物资保证。1937年4月,他赴上海执行特殊财政任务,支取、兑换、转运国际友人支援中国人民抗日斗争的巨额援助。

毛泽民长期执掌财政大权,廉洁奉

公,一尘不染,被誉为心地清白、账目清楚、廉明清正的"三清财魁"。他常说:不能乱花一个铜板,领导干部要带头艰苦奋斗。我们是为工农管钱,为红军理财的,一定要勤俭节约。

由于长时间奋斗在中央后勤第一线,毛泽民积劳成疾,曾一度卧病难起。当身边的同事建议他多休息时,毛泽民说:"我们的工作多做一点,前线的战士就能多吃一点,不能让战士们缺衣断粮,我却躺在炕上。"

整顿财经　造福新疆

1937年冬,由于长期坚持艰苦斗争,毛泽民积劳成疾病情加重,党中央决定让他取道新疆去苏联治疗休养。1938年2月,毛泽民到达新疆迪化(乌鲁木齐)时,遇中苏边界发生鼠疫,交通中断,暂住八路军驻新疆办事处。此时,新疆边界督办、军阀盛世才打出"亲苏拥共"旗号,多次要求共产党从延安派干部去新疆工作,特别要派一名财经干部帮助整顿财经。党中央决定让毛泽民留在新疆开展抗日民族统一战线工作,化名周彬,出任财政厅副厅长(后为代厅长)。

当时的新疆,官僚地主横征暴敛,政治腐败,财政混乱,因滥发纸币欠外债合法币二千余万元,经济正处于崩溃的边缘。毛泽民走马上任后,立即筹划整顿新疆的财政金融工作。他站在"发展本省经济,巩固抗战后方,运用游资,增加生产"的高度,确立了"发展经济,增加收入,开源节流,保证支出,量入为出,争取收支平衡"的财政工作方针,采取调整税收、改革币制、平稳物价、发行建设公债、节支开源等一系列有效措施,促进了新疆工农牧业及文教卫生事业的发展。

毛泽民将政府专办的银行改为全疆14个民族、400多万民众的公有银行——新疆商业银行,从根本上结束了新疆金融的混乱局面。针对新疆币制混乱,各种货币均以"两"为单位和发行纸币无度等状况,毛泽

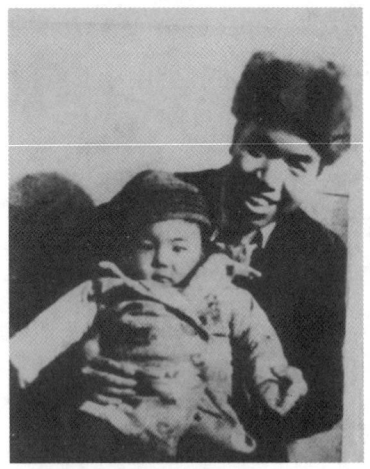

毛泽民在新疆与儿子合影

新疆商业银行发行的纸币

乌鲁木齐毛泽民纪念馆中的毛泽民塑像

民决定实行币制改革，统一货币，废"两"改"元"，既保证了人民利益不受损失，又保持了币值稳定，促进了经济发展。当时《新疆日报》载文《商界同胞拥护新纸币的宣言》盛赞新币的发行"是政府在经济建设上的一种伟大收获，是我们新疆经济史上空前统一币制的新纪元"。

毛泽民大力整顿财政金融，贷款支持农牧业、工业等生产发展，财政收入增长，市场活跃，物价稳定，人民生活有了初步改善，一挽新疆经济濒临崩溃的颓势。1963年，赛福鼎回忆说："当时的新疆，财政经济处于民穷财尽的绝境。为了迅速扭转这一情况，毛泽民以惊人的毅力带病工作，在短短的几年中，卓有成效地整顿了新疆的财经工作。"

坚贞不屈 英勇就义

1939年初，鉴于毛泽民的健康状况日益恶化，中共中央决定安排他到苏联治病和学习。

1940年，毛泽民身体基本康复后，中央委派他再次赴新疆，并协助陈潭秋开展各项工作。1941年7月，他调任民政厅代厅长，主持制定了《新疆省区、村制组织章程》，实行民主选举，在全疆整顿和扩建了

位于乌鲁木齐市北郊革命烈士陵园的毛泽民烈士之墓

17所救济院,举办了医药医疗训练班,培养出一批少数民族医务人员。

1941年6月苏德战争爆发后,盛世才在蒋介石的拉拢下,开始彻底向"右"转,新疆的形势越来越严峻。

1942年9月17日,在新疆开展工作的毛泽民和陈潭秋等共产党员被盛世才逮捕。在狱中,敌人对毛泽民等软硬兼施,严刑审讯,逼他招认中国共产党在新疆搞"暴动"的所谓阴谋,逼他脱离共产党,交出共产党的组织。毛泽民坚贞不屈,视死如归,义正词严地回答:"决不脱离党,共产党员有他的气节。""我不能放弃共产主义立场!"

1943年9月27日(农历八月二十八日),盛世才下达了杀害毛泽民、陈潭秋等人的手令。当天深夜,在承受反动派运用各种残忍手段折磨后,毛泽民再也没有睁开眼睛……

远在延安的毛泽东,得知弟弟被杀害后,不禁失声痛哭。

1956年,毛泽民等三位烈士的灵柩被移至乌鲁木齐市北郊的革命烈士陵园重新安葬,烈士英灵终于可以得到安息了。

毛泽覃
(1905-1935)

荣　　　誉：井冈山会师的牵线人

出　生　地：湖南省湘潭县

民　　　族：汉族

诞　　　辰：1905年9月25日

逝世纪念日：1935年4月26日

牺 牲 年 龄：30岁

跟随大哥闹革命

毛泽覃，1905年9月25日生，湖南省湘潭县韶山冲人。

毛泽覃幼时曾读过私塾，后就读于湘乡东山小学。1918年，随长兄毛泽东到长沙，进入湖南第一师范附属小学学习。在毛泽东的影响下，毛泽覃追求进步，逐渐走上革命之路。

毛泽覃1918年参加新民学会，成为新民学会年龄最小的会员。

1919年，毛泽东（右一）与父亲毛顺生（左二）、堂伯父毛福生（右二）、弟毛泽覃（左一）合影。

1921年7月，他加入中国社会主义青年团，投身到反帝反封建的伟大洪流之中。1922年初，进入长沙协均中学读书。1922年秋冬之交，在毛泽东的安排下，毛泽覃和二哥毛泽民一起到湖南自修大学附设补习学校参加学习。

为了组织青年阅读进步书刊，发展和扩大青年团组织，毛泽东在长沙都正街蒋德里创办了"湖南青年图书馆"。毛泽覃是其中的重要骨干。他负责油印宣传资料，不间断地把革命书刊和宣传品分发给长沙各行业工会和学校，有些还要秘密邮寄到外省去。

1923年春，毛泽覃受中共湘区委员会派遣，赴湖南常宁水口山铅锌矿参加工人运动，任工人俱乐部教育股委员兼工人学校教员，他以教员身份为掩护，秘密从事青年团的领导工作。他深入到敲砂棚、机器间和矿井里，一边劳动，一边调查研究。很快，他就和一群青年工人成了朋友，把他们紧紧团结在党组织的周围。经过实际斗争的考验，同年10月，毛泽覃转入中国共产党。

1924年春，他奉调返回长沙，任社会主义青年团长沙地委书记处书记。他和田波扬等人发起成立了湖南青年学艺社。经常深入工厂、码头、学校宣传孙中山的联俄、联共、扶助农工的"三大政策"，帮助青年提高政治思想水平。

**湖南自修大学：
中国共产党第一所培养干部的学校**

1921年8月，毛泽东、何叔衡等创办的湖南自修大学，是中国共产党第一所培养革命干部的学校。

1921年7月，毛泽东、何叔衡代表湖南共产主义小组参加了中国共产党第一次全国代表大会，8月利用长沙的船山学社的社址、经费和影响，成功创办了湖南自修大学。

湖南自修大学学员大都为中国共产党党员、青年团员和革命青年骨干。自修大学补习学校初办时有学生114人，如陈赓、贺尔康、张琼、毛泽覃、高文华。1923年11月结束时达200余人。

在党的初创和大革命时期，自修大学培养出来的一批革命骨干在湖南工人运动和农民运动中起了发动者、组织者的作用。有许多学员后来成为中国人民解放事业的领导者，有的为解放事业献出了自己宝贵的生命。在湖南乃至全国革命进程中，湖南自修大学在中国共产党的奋斗史上占有重要的地位。曾被湖南人民誉为"革命策源地"。

1925年秋，毛泽覃跟随毛泽东到广州从事革命活动，先后在黄埔军校政治部、中共广东区委、广东省农民协会和省港罢工委员会工作。

1927年5月，毛泽覃从广州秘密转移到武汉，在国民革命军第4军政治部任书记，不久，毛泽覃随中国共产党人掌握的革命武装叶挺独立团开往江西，参加南昌起义。

朱毛会师联络人

毛泽覃在毛氏三兄弟中最早参与武装斗争。

1927年8月，毛泽覃担任南昌起义军第11军25师政治部宣传科科长，跟随南昌起义部队南下，在敌人优势兵力的围追堵截下浴血奋战，由于敌我力量对比悬殊，南昌起义部队在潮汕遭受重大失利，毛泽覃随剩余队伍转移至饶平，不久与朱德、陈毅等一起，转战闽粤赣湘边。

在得到毛泽东在井冈山建立了革命根据地的消息后，1927年冬，毛泽覃被派赴井冈山，联络毛泽东领导的秋收起义部队。

毛泽覃化名覃泽，顺利地通过了多项关卡，在茶陵坑口找到了井冈山起义部队,见到了毛泽东。见面后,毛泽覃向毛泽东汇报了朱德、陈毅率领南昌起义部分队伍艰苦转战到达湘南的情况,随后便留在井冈山,积极投入创建井冈山革命根据地的斗争。

1928年初,朱德、陈毅率领的部队举行了湘南暴动。1928年3月,当毛泽东得知湘南起义军正向湘赣边界转移的消息后,派毛泽覃带着一个特务连赶到郴州,同朱德、陈毅领导的部队取得联系。

4月下旬,在毛泽覃带领的特务连的接应下,朱德、王尔琢率领的起义军主力,到达井冈山下的宁冈砻市和毛泽东率领的井冈山部队胜利会师。

井冈山会师,是中国革命重要的里程碑,毛泽覃作为主要联络人之一,发挥了重要作用。

群众工作建功勋

毛泽覃在创建井冈山根据地和中央苏区方面也作出了巨大贡献。

1928年初,毛泽覃在井冈山根据地随工农革命军参加攻打遂川县城的战斗,占领了遂川城。由于群众不了解革命队伍,加上坏人造谣惑众说"工农革命军来了,要用火印在每个老百姓身上,烙上'共产党'三个字",工农革命军开进遂川城时,城里的老百姓跑的跑、藏的藏,只剩下一些不能出门的老人。

为了消除群众的疑虑,戳穿敌人的反动宣传,一天,毛泽覃挑着两箩筐从土豪家没收的准备过年的糕饼,走街串巷,见了穷人就递上两个。没多久,群众就陆续回来了。

毛泽东认为,要在井冈山地区建立巩固的革命根据地,必须加强农村基层党的建设工作。桥林乡作为井冈山根据地的西北大门,成为此次工作的首选。于是,他决定派毛泽覃到那里发动群众,在农村建立党的基层组织,并着手进行土地革命的试点工作。

毛泽覃来到桥林乡后,深入到贫苦农民之中,一个村一个村地搞调查研究、开座谈会、讲党课,宣传革命道理。毛泽覃讲党课,既浅显,又生动,句句说到大家的心坎里。他讲的小长工给地主放鸭子的故事,直到新中国成立后,桥林乡的老农会会员还记忆犹新。

故事说的是,有一个16岁的小长工,给地主放了一群鸭子。一次,小长工不留神,鸭群里少了一只小鸭子。地主不由分说,给他记上丢了一只大鸭子。小长工气不过,与地主理论。地主却恶狠狠地说:"难道你还吃亏吗?过不了几天,小鸭子就能长成大鸭子,还能下蛋呢!"就这样,地主一件一件地记着黑账。等到年底结账时,小长工不但没有拿到工钱,反倒欠着地主的。

毛泽覃经常鼓励农民兄弟:"地主说,穷人是一块'死铁'。我说,共产党就像一座通红的火炉,穷人到共产党里面来,就能炼成钢,造成好刀、好枪,打起敌人来飞快!"

毛泽覃把整个桥林乡的农民组织起来,打土豪,分田地,并在斗争中考察和培养积极分子,吸收先进的、有觉悟的、勇敢的贫苦农民入党。仅一个月的工夫,他就在桥林乡建立起宁冈县第一个农村党支部,并亲自担任党支部书记。这个党支部,在土地革命和巩固乡村政权的斗争中,成为井冈山根据地的一面红旗。

战功卓著毛将军

在残酷的武装斗争中,毛泽覃逐渐成长为一名优秀的红军指挥员,战功卓著。1928年5月,任中国工农红军第四军三十一团三营党代表,参加了龙源口等战斗。龙源口大捷是我军历史上第一场大胜利,标志着井冈山根据地进入鼎盛时期。

1929年1月,蒋介石集结湖南、江西两省18个团的兵力,趁山上正面临冰封雪冻缺衣少粮的局面,将井冈山包围起来,准备发动新的进攻。毛泽东决定由彭德怀、滕代远率红五军和袁文才领导的三十二团在山上坚守,他和朱德则率红四军下山出击赣南,以调动敌人,解井冈山之围。22日,红四军攻下了大余县城,敌人反扑过来形成了对大余的包围。在这千钧一发之际,陈毅急调毛泽覃所在的三十一团一营和独立营来阻击敌人,这才扭转了局面,使毛泽东转危为安,但他却在这场战斗中腿部负了重伤。

1930年1月,毛泽覃任红六军(后改称为红三军)政治部主任,曾代理军政治委员,与军长黄公略率领全军在赣水两岸开展游击战争,巩固和扩大了赣西南革命根据地。同年10月红军攻下吉安后,任中共吉安县委书记、红军驻吉安办事处主任,曾以特派员身份协助红二十二军军长陈毅率部回师遂川,恢复了这一带的红色区域。1931年6月,毛泽覃任中共永(丰)吉(安)泰(和)特委书记,兼红军独立五师政治委员,在第三次反"围剿"作战中,与师长萧克指挥部队连续取得富田、老营盘等战斗的胜利。他参加了中央苏区历次反"围剿"作战。由于战功卓著,荣获二级红星奖章。毛泽东曾自豪地说:"我们毛家出了一个大将军。"

小资料

毛泽覃的儿子毛楚雄烈士

毛泽东为革命牺牲了六位亲人,大弟弟毛泽民、小弟弟毛泽覃、夫人杨开慧、堂妹毛泽健、长子毛岸英、侄儿毛楚雄。其中毛楚雄牺牲时年龄最小。

毛楚雄名远大,号造时,1927年9月8日出生于长沙小吴门松桂园,他是毛泽覃与周文楠的儿子。

由于从小受亲人革命思想的熏陶和伯父的关怀教育,国耻家仇驱使楚雄从小就胸怀大志。他在《试述各人志愿》的作文中写道:"做一个改革社会的人物,为国效劳,赶走侵略者,使世界变为和平的世界。""继父之志,报父之仇。"

1945年8月,韶山地下党将毛楚雄等人一同送到汨罗县白鹤洞。在那里,毛楚雄参加了八路军,随军北上。1946年8月在中原突围中,毛楚雄化名李信生(作为警卫员)与干部旅旅长、原军调部第九执行小组我方代表张文津、干部旅政治部主任吴祖贻前往西安与胡宗南谈判。行至宁陕县的东江口镇,被驻扎在这里的胡宗南部61师181团无理扣押。8月22日深夜,敌人将他们三人及农民向导,惨无人道地活埋在城隍庙河边的沙坝里,毛楚雄时年仅19岁。

开国英模

毛泽覃

小故事

毛泽东、毛泽覃君埠之争

1930年冬，毛泽覃任中共赣西南特委委员兼后方办事处主任，驻扎在君埠，领导当地军民扩大红军队伍，筹集粮款，为反"围剿"作准备。

毛泽东于12月26日率红军总前委领导机关经龙冈前往君埠。路上，毛泽东亲眼看见两个红军战士强行押着一个青年去当兵，这个青年的母亲哭丧着脸跌跌撞撞地跟在背后，诉说家里没有劳动力，不想让儿子去当红军。毛泽东见状，急忙上前扶着老大娘，并喝住两个战士，当听说是毛泽覃所部在搞"扩红"时，毛泽东怒不可遏。

毛泽东傍晚来到君埠时，气得连饭都吃不下。他命人马上把弟弟毛泽覃叫来。毛泽东一见弟弟就怒火中烧，狠狠训了一顿。毛泽覃不服，兄弟俩就在房内大吵起来。毛泽东后来回忆说：我当时急了，挥拳要揍毛泽覃。毛泽覃大声说："这是革命队伍，不是毛氏宗祠！"

坚持真理反"左"倾

1932年，毛泽覃任中共苏区中央局秘书长。期间，与邓小平等一起，同党内"左"倾错误进行了坚决斗争，是著名的邓、毛、谢、古的重要成员。毛泽覃与反对王明路线、赞成罗明正确主张的邓小平、谢维俊、古柏被诬为"江西罗明路线"，遭到残酷斗争。

这时已调任瑞金苏区中央局秘书长的毛泽覃，被隔离审查了。在全省干部会议上，他和其他三人受到了"最猛烈"的打击。他写了两次申明书，继续阐述自己的正确主张。

毛泽覃被王明路线领导人解除了一切职务，发配到基层去劳动"锻炼"。毛泽覃虽遭受到不公正的待遇，但他仍然斗志不减。毛泽覃来到兴国县长冈乡接受"劳动改造"，同当地的政府、农会打成一片，以满腔的热情去发动组织群众，解决办学、支前、生产等一系列问题。全乡各项工作都搞得非常出色。长冈乡被中央政府树为模范乡，毛泽覃获得一枚银质奖章。此外，他还借此机会深入调查研究，先后撰写了《下肖区支部流动训练班工作的检查》《为全部完成粮食突击计划而斗争》等文章,及时总结工作经验,继续宣传自己的正确主张。

1934年10月,中央红军主力长征后,毛泽覃奉命留在中央革命根据地坚持游击战争,任中共中央苏区分局委员、红军独立师师长、闽赣军区司令员。在极端艰苦的条件下,他率部转战于闽赣边界的崇山峻岭,风餐露宿于山谷密林,不断寻找战机,打击敌人,有力地配合了中央红军主力部队的长征。1935年4月26日,毛泽覃率领部队在江西瑞金红林山区被国民党军包围,他指挥部队与敌军展开激战,掩护部队和游击队员突围,不幸身负重伤,壮烈牺牲,时年29岁。

1969年,经上级批准,毛泽覃牺牲地原安治乡命名为泽覃乡、红林村命名为泽覃村。

亦师亦兄毛泽东

长征途中的毛泽东无法知道弟弟战死的消息。到了延安,他才得知发生在中央苏区的一切不幸。当他听说敌人从泽覃内衣口袋里搜出了他的照片时,禁不住落下泪来。

自从13岁跟随毛泽东前往长沙上学,年轻的毛泽覃在毛泽东身边学习生活了5年。毛泽东对他关爱有加,却从不娇惯,总是把他放在实际斗争中锻炼。毛泽东称得上是毛泽覃的革命导师。

1932年冬,毛泽东受到错误路线批判,被扣上右倾帽子,常常沉默不语,一个人抽闷烟。毛泽覃自己也因"左倾"领导人罗织的罪名而受到残酷打击。兄弟俩在困境中相互支持,不弃不离。

在实践斗争中,因为认识上的差异,毛泽覃与大哥也出现过激烈争论。其中,最激烈的一次是在江西君埠发生的争论。后来,毛泽东先后四次谈及此事,深情表达了对于弟弟的歉疚和怀念。

有一次,毛泽东向周恩来、朱德等人忆及兄弟两人在君埠发生激烈

争吵之事,责怪自己当时态度太生硬,个性太强,没有耐心细致地对弟弟做好说服教育工作,深感内疚。毛泽东说:"我这个人心高志大,不屑于杂务,喜欢四处闯荡,不愿随老父种田;二弟泽民忠厚温良,只读了几年私塾,就辍学务农,持家理财,成为父亲身边一位好帮手;三弟泽覃比我小许多,天性机灵、淘气、顽皮,胆子大,天王老子都不怕,父母管他不住,只有我能管住他。通过君埠的激烈争吵,我发现我的脾气比他更躁,更不冷静,以致争吵过度,影响也不好,我有责任。可是现在弟弟为革命牺牲了,我再也无法向他解释和致歉了。"

1959年4月,在上海召开的党的八届七中全会上,当毛泽东讲到党的民主生活时,他又一次提起了君埠兄弟争吵之事,他心情沉重地对大家说:"我这个人有旧的东西,比如有一次我的小弟弟毛泽覃和我争论一个问题,他不听我的,我也没有说服他,我当时急了,大发脾气,挥拳就要揍他。事后,我弟弟在一些人面前议论我说:'共产党实行的是家法还是党法?父母不在了,他是大哥就可以打我吗?'"

毛泽东的秘书田家英陪毛泽东散步时,特意问起毛泽覃烈士的事,毛泽东再一次动情地说:"我的弟弟是个坚定的共产主义战士,他受了我的影响,在革命队伍里不甘落后,长了不少见识,懂得了许多革命道理。1927年8月初,他到了南昌,却没有赶上'南昌起义',一个人走了几百里路,困难重重,沿途当叫花子,向小摊贩讨饭吃,后来,总算在临川城外追上了部队,成了朱德的'特遣大使',上井冈山与我联络,实现了'朱毛会师',并创建了井冈山第一个党支部,他任书记。想到以前在江西君埠的争吵,我对弟弟缺乏民主,甚至动辄想用拳头来制服,承袭了父亲的家长专制作风,太不理智,太不应该。"

1959年,在庐山,毛泽东与湖南省委书记周小舟等一起侃谈,他第四次谈起江西君埠兄弟争吵之事,又作了坦诚的自我批评。他说:"我这个人呀,40岁以前肝火大,那年我37岁,对待弟弟动不动就发脾气,总觉得正义、真理在自己手里,直到现在我还有肝火。"毛泽东吸了一口

毛泽覃烈士墓

瑞金革命烈士纪念馆前的毛泽覃纪念碑

烟,深情地说:"也许我弟弟是遗传父亲的基因,性子也急躁,如他第一次听到我在中央苏区受到不公平对待时,从不吸烟的小弟弟,突然向房东要了一袋旱烟,猛吸一口,呛得他连声咳嗽许久,眼泪也呛出来了。那时我完全陷于孤立,不但没有一个人上门,连个鬼也不上门,我的弟弟便抽空常来看我,为我解闷。后来他翻阅《斗争》杂志,看到一篇题为《什么叫进攻路线》的署名文章,矛头直指邓(小平)、毛、谢、古,说这四人是'反党的派别和小组织的领袖'。我弟弟气得血涌脑门,立刻病倒,烧到39度,我和子珍连夜去帮他请医生。往后他为我受过很大委屈,受到撤职处分,下放到兴国县'基层改造',直到开始长征了,我也无法把他带走。我弟弟还不到'而立之年',就为革命献出了青春。"

1959年6月25日,离别故园32年的毛泽东,回到韶山冲。翌日清晨,他踏着满是露水的小路,在楠竹沱为父母扫墓,随后沿着满池荷叶的塘基,走进南岸村上屋场故居。当他缓步来到小弟毛泽覃的卧室时,久久端详着挂在墙上的烈士遗像。他心绪难平地对随行人员说:"这是我的泽覃小弟。他很聪明,他的胆量比我还大哩!"

开国英模

王尽美
(1898-1925)

荣　　　誉：中国共产党创始人之一
出　生　地：山东省莒县(今属诸城市)
民　　　族：汉族
诞　　　辰：1898年6月4日
逝世纪念日：1925年8月19日
逝世年龄：27岁

1920年，王尽美与邓恩铭等组建山东共产主义小组，1921年7月出席中共一大，是中国共产党创始人之一。

"命硬"的陪读生

王尽美,原名王瑞俊,字灼斋,1898年6月4日生于山东省莒县(现属诸城市)北杏村的一个佃农家庭里。

王尽美的家,没有房子,也没有土地,租住的是地主家的屋。靠租种着地主的几亩山岭薄地,维持着啼饥号寒的生活。他出生后四个月,父亲就去世了,家中只剩下祖母、母亲和他三口人。在王尽美八岁那年,本村王姓地主准备为其年已九岁的孩子设塾启蒙,见王尽美长得聪明伶俐,就收下了他作陪读。不到一年,这个地主家的孩子突然患病夭折了。于是王尽美也就失去了这个读书的机会。

第二年,地主"谋耕堂"家里,也召请了一位家庭教师,为孩子开读,也准备找一个孩子来陪读。王尽美的母亲在邻人劝说下,又送儿子到这户地主家去陪读。可是不到半年,这个地主家的孩子,也患肚痛病暴亡。地主的孩子明明是患病而死,却硬说是和王尽美在一起被"妨"(山东方言,有被克之意)死的。这种令人难以忍受的侮辱,深深地刺痛了王尽美幼小的心灵。从此,王尽美宁肯失学也不肯再到地主家去当陪读。

失学的日子里,不管是地里的还是家里的活儿,他都尽力去干。虽然劳动繁忙,负担沉重,家境困苦,但是他仍然顽强地坚持着文化学习,一有时间就孜孜不倦地借书攻读。凡是能找到的书报杂志,他都设法借来阅读,刻苦学习,这为他后来考取山东省立第一师范学校打下了基础。

失学三年半以后,王尽美的母亲又把王尽美送进了本村设立的私塾学堂继续学习。由于他品学兼优,被学校指定为大学长,并成为唯一的免费生。王尽美在这里学习两年,初小毕了业。接着他升入枳沟镇高级小学读书,两年后毕业。就这样,王尽美在家境十分困难的情况下,勉强读完了小学。这时他已17岁。

漫漫求学路

随着年龄的增长,王尽美对于自己这种牛马般的生活,感到越来越难以忍受;改变这种受剥削受奴役命运的愿望,一天比一天强烈。此时,

王尽美旧居

济南共产主义小组旧址（三合街87号）

《每周评论》刊载"山东问题"一文

他已经结婚，妻子可以在家照顾祖母和母亲，于是，他决定离开家乡，到省府济南去继续求学。

1918年春末夏初的一个早上，王尽美背起简单的行装，揣着母亲为他筹得的一点微薄的路费，辞别了两位饱经风霜的老人和刚结婚不久的妻子，跟随一位去济南经商的同乡奔向济南。

王尽美到济南后，很顺利地考取了山东省立第一师范学校。这所学校不但不用交学杂费，而且食宿费用和书籍，都一概由学校供给，有时还发制服。家境贫寒的王尽美，能够考入这样的学校学习，心中很高兴。

学校学制是预科一年，本科四年。王尽美先入预科学习。他把全部精力倾注在读书上，他除学好规定的课程以外，喜欢博览群书，尤其酷爱文史。他还是个文艺爱好者，会绘画，懂书法，特别擅长音乐，是学校雅乐组的笛子唢呐吹奏演员。他不但学习成绩优异，多才多艺，而且性情温和，平易近人，谦虚谨慎，很有涵养。同学们都很尊重他，喜欢他，乐于和他交朋友。

五四运动的积极分子

1919年5月初，中国外交在巴黎和会

上失败的消息传到国内，各界群众怒不可遏。5月4日，北京爆发了爱国运动。

五四爱国运动的直接起因是山东问题。巴黎和会上，列强要把原来德国在山东的殖民地胶州湾转让给日本人，山东人民更加感到国家主权与己休戚相关，踊跃参加五四爱国运动。

五四爱国运动的革命洪流，使王尽美那忧国忧民、苦闷彷徨的心胸豁然开朗。他开始意识到，埋头读书，不问政治，对救国救民是无济于事的。他决心走出课堂，奔向社会，投入五四爱国运动中。不久，他被推选为一师北园分校的代表，领导北园分校的同学参加运动。他联络济南其他学校的学生，建立了反日爱国组织，积极开展讲演等街头宣传活动。他义愤填膺地进行街头讲演，揭露日本帝国主义侵夺我山东权益的强盗行为，谴责巴黎和会上帝国主义列强背弃公理正义的卑鄙行径，怒斥北京反动政府屈辱卖国的罪行，号召各界民众奋起救国，誓死力争！

王尽美参加了砸毁亲日派安福系在济南的机关报《昌言报》报馆的斗争，并把反动编辑拖出游街示众。经过五四运动的锻炼，王尽美的思想有了飞跃的进展。他被选为当时山东大专中学的学生联合会负责人之一。

1919年11月21日，王尽美与邓恩铭等以研究新文化新思潮为号召，联络省立一师、省立一中和育英中学的进步师生共15人，成立励新学会，创办《励新》半月刊，任主编。《励新》半月刊积极宣传新思想、新文化，登载了许多有关社会改造的文章，抨击时弊，启发青年觉悟。

中国共产党的创始人之一

1920年3月，北京大学马克思学说研究会成立后，王尽美被发展为外埠会员。9月，他联系邓恩铭、王翔千等人，成立了"山东马克思学说研究会"。在山东"马克思学说研究会"活动的过程中，王尽美考查和团结

山东省委旧址

该址位于济南市东流水街 105 号小院内，1925-1927 年中共山东地方执行委员会领导机关的一部曾分设于此处，当时，王尽美、邓恩铭同志曾在这里从事革命活动。

青岛早期党组织的机关所在地——海岸路 18 号

1923 年 8 月，青岛第一个党组织——中共青岛组成立。邓恩铭、王尽美、罗荣桓等人，在青岛撒播革命火种。

了一批信仰坚定、愿为共产主义献身的革命同志，形成了研究会的中坚和核心。

1921 年初，他与邓恩铭等在马克思学说研究会的基础上发起创建山东共产党早期组织——济南共产主义小组。7月，他们一同赴上海出席中国共产党第一次代表大会。为此，他把自己的名字改为王尽美，取"尽善尽美唯解放"之意，抒发了为实现共产主义理想而献身的信念。

"一大"后，王尽美回到山东。在中共中央的指导下，王尽美在山东正式建立了中国共产党山东区支部，并担任书记。以后，随着工作的迅速开展，山东区支部改建为中共山东地方执行委员会，王尽美仍担任书记。

领导工人运动

1922 年 1 月，他和邓恩铭、高君宇等人参加在莫斯科召开的远东各国共产党及民族革命团体第一次代表大会。6月，为适应工人运动发展需要，中国劳动组合书记部山东分部建立，王尽美任主任。7月，他赴上海出席党的二大。会后，他同邓中夏、毛泽东等人共同起草《劳动法大纲》，成为这一时期党指导工人运动的纲领。

1922年8月，王尽美被留在中共中央机关，分工专做职工运动工作。他成为中国劳动组合书记部书记处的负责人之一，参与制定了《中国劳动法大纲》。

不久，他经济南到了北京，主动提议将中国劳动组合书记部山东支部并入北方分部。北方分部由罗章龙任主任，王尽美任副主任。随后，王尽美就以中国劳动组合书记部北方分部副主任的身份，前往山海关。此后的几个月里王尽美直接领导了京奉铁路山海关铁厂工人罢工、秦皇岛码头工人罢工、开滦五矿工人罢工。

在罢工斗争中和组织工会的工作中，王尽美逐渐地锻炼和培养了工人群众中的一批积极分子。王尽美适时地进行了党组织的建设工作，11月，正式成立了党的秘密小组，直接受王尽美的领导。这是秦皇岛地区第一个党的组织。

1923年2月，山海关铁厂翻砂车间的反动把头向县衙门告发王尽美，临榆县反动县令便出动军警把王尽美等人捕去。工人们得悉王尽美等人被捕的消息后，立即集合，奔向县城，将县衙门团团围定，要求立即释放王尽美等，否则就要砸烂县衙门。反动县令急忙调兵遣将，妄图武力镇压。但是工人们经过了大罢工的斗争锻炼，团结坚定，没有一人退缩动摇。反动县令派出警卫队长同工人代表进行谈判。工人代表在谈判桌上也丝毫不让步，坚持必须马上放出王尽美等，否则就立即砸烂县衙门。反动县令无可奈何，只好答应工人的要求，把王尽美等释放。

为了王尽美的安全，获释后，中共组织决定让王尽美返回北京。后来，中共中央根据新的形势和工作的需要，决定重新把王尽美调回山东，继续任山东省地方执行委员会书记。王尽美为了大力开展党的工作，不停地奔走于济南、青岛、淄博及津浦、胶济线两侧的许多厂矿企业和广大农村，为发展工农中党的组织，开展职工运动、农民运动，进行着不懈的斗争。由于他工作卓有成效，山东各地的革命活动迅速开展

开国英模

小故事

王尽美唯一的照片

王尽美长方脸，眉清目秀，纯朴谦逊，两耳比常人略大，这张是他母亲冒着生命危险保存下来的他的唯一一张照片。

1930年，土匪刘黑七侵占了王尽美的家乡北杏村。当时村民们纷纷收拾东西往外逃，王尽美的母亲带着小孙子王乃恩忙乱地把尽美的遗物和照片包在一起，放进院子中间事先埋好的大缸中，盖上缸盖，正准备填土时又觉得不妥，解开包，把照片取出来，然后把缸埋没。这时，远处传来了枪声，她急中生智，一边吩咐孙子和点泥，一边把墙扒开，用纸把照片包好，放到墙中间，再在外面涂上泥巴。土匪走后，她回到家，只见所埋的大缸已被挖了出来，缸内的东西被洗劫一空，给她一丝安慰的是那堵墙原封没动。为防再有闪失，从此再也没有打开过这堵墙，照片在土墙里一藏就藏了近20年。

1949年9月，新中国第一次政

起来。

1923年至1924年间，王尽美在济南组织了一个半公开的学术研究团体——"平民学会"，宣传马克思列宁主义，介绍苏联十月革命的事迹，并常用音乐会的形式作掩护，进行革命活动。

一身二任　促进国共合作

中共三大以后，在山东工作的王尽美看到了"三大"的决议，遵照党的指示，他于1923年10月以个人身份参加了国民党。

11月，王尽美被国民党山东省党部选举为出席国民党第一次全国代表大会的代表。王尽美1924年参加了在广州举行的国民党第一次全国代表大会。

王尽美回到山东后，根据中共中央的指示和国民党"一大"精神，帮助国民党建立了山东国民党的基层组织。1924年12月，王尽美去北京参加李大钊组织的国民会议运动讲演大会。归途中，在天津饭店受到孙中山的接见，并被孙中山委以国民会议特派宣传员之职。

这期间，他正确地贯彻执行党的革命统一战线的方针政策，奔波于济南、青州、潍县、青岛等地，指导开展促成国民会议运动，积极建立与发展国共合作的革命统一战线，并利用国共合作的有利形势，扩大党的影响，发展党的组织，使山东党的工作迅速发展。

1924年11月任中共山东地方执行委员会书记。

鞠躬尽瘁 为党献身

王尽美由于长年忘我地工作和十分艰苦的生活，染上了肺结核病，不断地吐血。但他仍然奋不顾身地奔走于济南、淄博、益都、潍县、青岛等地，推动胶济沿线许多城市的国民会议促成会的组织相继建立起来。

1924年底，王尽美以孙中山特派员的身份带病到青岛进行革命活动。到青岛后，他一方面与邓恩铭领导的地下组织取得密切联系；另一方面又与国民党的左派进步分子鲁佛民（鲁佛民于1926年冬参加了共产党）取得联系。

王尽美本来是带病来青岛的，在紧张地连续不断地接待来访群众的情况下，他的健康状况恶化；但他仍不顾疾病的折磨，顽强地夜以继日地工作着。有时，白天到群众大会上演讲，晚饭后，又马上折身伏案办公。这样，他的肺病迅速地向坏的

治协商会议期间，当毛主席接见山东各界人民代表会议协商委员会副主席马保三时，想到了王尽美，无限感慨地对马保三说："革命胜利了，可不能忘记老同志啊！你们山东要把王尽美烈士的历史搞好，要收集他的遗物。"会议闭幕后，马保三带着毛主席的殷切嘱托回到山东，决定由省团委张建华负责收集王尽美遗物的工作。王尽美的母亲领着张建华来到老房子的土墙旁，说："尽美，娘的儿，出来吧，是毛主席派人接你来了。"抠开土墙，她从里面取出一个纸包，小心翼翼地展开，里面是尽美年轻时英俊的照片。张建华带着照片返回济南，山东分局立即组织人员翻拍，从中选出一张最清楚的，连同文字材料派人送到北京，交给毛主席。这张照片现在遵照毛主席的指示保存在中央档案馆。

王尽美在山海关组织建立的工友俱乐部会员证

诸城市的王尽美纪念馆

方向发展,严重时便大口大口地吐血。

不久,王尽美的肺病更加严重,他不得不离开了工作岗位,住进医院。住院不到一周,王尽美就带病重返青岛操劳,终于卧床不起。

1925年6月,王尽美回到了自己阔别数年的故乡莒县北杏村进行休养。王尽美的回家,给他的家庭和故土山村带来了短时的欢乐。祖母、母亲、妻子以及天真可爱的儿子,都为能和自己的亲人团聚而感到喜悦。

1925年7月,王尽美在祖母、妻子和孩子们的哽咽声中,离开了家乡北杏村,由其母亲陪同,进入青岛医院住院治疗。住进青岛医院之后,许多在青岛工作的同志,不断去探望他。当同志们看到他四肢已骨瘦如柴,肚子板硬,吐的是大块的紫血时,都十分难过。但是,王尽美不谈自己的病情,总是慰勉这些同志要好好为党工作。他说:"我是不行了,你们好好为党工作吧!我万想不到会死在病床上。"

王尽美临终前,委托中共青岛市委的负责同志笔录了他口授的遗嘱,亲自过目后,按上了手印:"全体同志要好好为党工作,为无产阶级和全人类的解放和共产主义的彻底实现而奋斗到底!"

1925年8月19日，王尽美匆匆走完了自己的人生，时年27岁。青岛的党组织为他举行了简单的追悼会，宣读了他的临终遗嘱，并派人护灵柩回北杏村安葬。他的两个儿子王乃征、王乃恩当时分别只有6岁、4岁。

永远的记忆

1949年中共中央在河北省平山县西柏坡村时，时任华北人民政府主席的董必武写信给山东负责人张云逸、马保三，特别强调对王尽美的家属应给予关怀。1949年后，董必武途经山东时与山东的地方领导谈及在中共"一大"与王尽美认识的情景，叮嘱他们把王尽美的母亲接到济南供养起来。

1952年，毛泽东视察山东时，对山东省委领导说："山东有个王尽美，是个好同志。听说他的母亲还健在，要好好养起来，如果你们有困难，就送到北京。"在场的人听后都十分感动。

1959年7月，中共山东省委和山东省人民政府将王尽美的遗骨由北杏村迁至济南英雄山烈士陵园安葬，还对北杏村的王尽美故居进行修缮保护，定为省级重点文物保护单位。

在1969年4月党的九大开幕式上，毛泽东同志追念为革命牺牲了的"一大"代表时，又提到了山东的王尽美和邓恩铭。

1992年，在山东省诸城县城南建立了王尽美纪念馆，由当时的中共中央总书记江泽民亲笔题写了馆名。

王若飞
(1896-1946)

荣　　　誉：	无产阶级革命家
出　生　地：	贵州省安顺县
民　　　族：	汉族
诞　　　辰：	1898年10月11日
逝世纪念日：	1946年4月8日
牺 牲 年 龄：	50岁

　　1946年4月8日,一架飞机由重庆飞向延安。途中,因气候变化,飞机迷失方向,于当日下午在山西兴县东南黑茶山遇险坠毁,全体人员遇难牺牲,当时飞机上共有13人,包括王若飞、叶挺、秦邦宪等人。这一不幸事件震惊了中共中央领导层。1946年4月19日,周恩来、刘少奇等中央领导和延安各界群众三万余人,在飞机场举行追悼大会,悼念死难的

烈士。毛泽东为"四八"烈士题词："为人民而死,虽死犹荣。"王若飞时年50岁。

少年好学 改名立志

王若飞,1896年10月11日出生于贵州省安顺县城北街的一个地主家庭,原名萌生,又名大伦,别号继仁。王若飞祖辈家势兴旺,在当地人中号称"北城王",又被称为"诗礼之家"。

王若飞故居位于安顺市西秀区北街174号

1904年2月,王若飞8岁时,舅舅黄齐生将王若飞接到贵阳,送进达德学校预备班学习。王若飞初入预备班时,身体孱弱,智力迟钝,读《三字经》中的"马牛羊、鸡犬豕"等句,十几遍不能背诵,期末考试不及格。但是,他非常刻苦,再加上舅舅也在这所学校教书,对其精心关照,一年之后,王若飞身体逐渐强壮,学业进步很快,在第二年的预备班学习结业时,成为优等生,升入初小一年级。读到初小二年级,王若飞智力得到很大发展,成绩优异,被评为"最优等生",连跳两级进入高小。本来达德学校规定学制为初小四年,高小三年,而王若飞一共只上了五年就毕业了。

达德学校旧址

彭德怀和进步教育家黄齐生在延安机场

在此期间,他还根据《木兰诗》"关山度若飞"的意境改了名字,立志为中华民族的振兴奉献一生。

参加革命 反对称帝

1911年10月10日,武昌起义爆发。11月4日,贵州宣告独立,驱逐了清政府官吏,成立军政府。王若飞和同班同学们一起,担任西城门的稽查工作。

1912年初,王若飞从达德学校毕业,到贵阳崇学书局当店员。书局经常从北京、上海等地购回进步书刊,王若飞利用一切闲暇时间,手不释卷地阅读新书新报,抽空练习写作,因而文思大进。

1915年秋,袁世凯筹备称帝,王若飞参加起草达德学校声讨袁世凯的檄文。不久,云南、贵州组织讨袁护国军,黄齐生奉贵州新政府之命,外出上海等地联络,又令王若飞携巨款取道湖南到上海会合。当时袁世凯已命令他的第二路军从湘西进攻贵州东部,严令盘查贵州出省人员。王若飞走到湘西辰溪县被袁军扣留,因他机智勇敢,经过一个多月,终于获释脱险,赶赴上海,开展反对袁世凯复辟帝制的宣传活动。

1916年冬,王若飞取道四川回贵阳,第二年春,在达德学校任小学教师兼文牍员。

1917年冬,王若飞考中官费留日学生资格。黄齐生亦因受贵州当局排挤,无法继续工作下去,决定赴日留学。甥舅二人相偕,于残冬腊月间匆匆离开了贵阳。

出国留学 追求真理

1918年春,王若飞等八名贵州官费留日生和20名私费生,在黄齐生率领下,离开上海抵日本东京进入明治大学。王若飞借着学校提供的住宿和报刊图书条件,努力学习日语,用主要精力搜集介绍俄国十月革命的材料,研究俄国十月革命,初步接触了一些马克思主义理论,并产生了极大兴趣。

1919年5月，黄齐生和王若飞等人离开日本回国。当时北京爆发的五四爱国运动已发展到全国，王若飞受到很大鼓舞和教育。他热心地参加了上海学生、工人、市民联合举行的反帝大示威，散发传单，并在街头发表演讲。

10月上旬回到上海，时值李石曾、吴稚晖与吴玉章等提倡赴法勤工俭学。王若飞与黄齐生商量，决定到法国去，于10月16日乘英商货船离开了上海。

1919年11月24日抵马赛，25日，王若飞等乘火车至巴黎。12月2日，王若飞等人又离开巴黎，到枫丹白露加伦公学补习法文。后又在圣夏门钢铁厂做工。1920年5月，王若飞离开了圣夏门，去蒙达尼

1919年底，王若飞（左二）初到法国时和同学在巴黎枫丹白露的合影。

1922年，王若飞在法国留影。

1920年3月21日，由枫丹白露公学的勤工俭学学生发起，在法国的勤工俭学学生召开游艺大会。图为游艺会后合影。前排女生左起：蔡畅、向警予，二排右二为王若飞。

的胶鞋厂做工。在那里,他比较系统地阅读了《共产党宣言》《社会主义从空想到科学的发展》《国家与革命》等马列主义经典著作,从此,他开始信仰马克思主义。

1922年6月,王若飞同赵世炎、周恩来等发起成立"旅欧中国少年共产党",曾任中央执委会委员,积极从事马列主义的宣传。同年秋,同赵世炎、陈延年等一起,由阮爱国(即胡志明)介绍加入法国共产党。

1923年3月底,王若飞赴苏联入莫斯科东方劳动者共产主义大学学习,4月转为中国共产党党员。

投身革命 不屈不挠

1925年3月,王若飞回国,先后任中共北方区委巡视员、中共豫陕区委书记,领导了河南党的建设和工农运动。

同年底,王若飞回到上海,被任命为中共中央秘书长,担负中央日常工作。在此期间,王若飞参加了上海工人阶级先后发动的三次武装起义领导工作。第三次武装起义前,王若飞在南市区深入基层支部工作。起义时,他担任南市区的总指挥。

1927年4月,王若飞随中央机关离开上海至武汉,参加党的第五次全国代表大会。会后,他被派去江浙区委工作。6月,中央撤销江浙区委,分别成立江苏和浙江省委。王若飞先后担任江苏省委常委、省委书记、宣传部长、组织部长、农民部长等职。

八七会议后,王若飞根据中共中央发动秋收暴动的有关指示,主持召开了省委会,提出了在宜兴、无锡、江阴、常熟四县组织暴动的计划,确定宜兴、无锡两县为暴动的重点。11月9日晚上,无锡东北乡的两万余农民举行了暴动。经过两个多小时的战斗,击溃了安镇商团的顽抗,占领安镇、查家桥、东湖塘等13个村镇。不久,王若飞根据省委的指示,又领导了江阴、青浦等地的农民暴动。这些暴动因敌我力量过于悬殊,先后遭到失败，但是这些暴动打击了各地反动派的嚣张气焰。

1928年六七月间王若飞前往莫斯科出席了中共第六次全国代表大会。会后被送入列宁学院学习，并担任中共驻共产国际代表，参加了中共驻共产国际代表团的工作。翌年，他被批准成为苏共党员。三年后，共产国际东方部指示王若飞回国参加革命斗争。

1931年9月，王若飞回到归绥（今呼和浩特市），化名黄敬斋，任中共西北特委特派员，实际上肩负着开辟陕甘宁农村革命根据地的重要使命，参与领导西北地区包括陕、甘、宁、晋、绥、新等地的农民斗争，开展土地革命。

铁窗难锁 义正词严

1931年11月21日晚，因叛徒出卖，王若飞在包头泰安客栈被捕。王若飞乘敌不备，将裤内的文件塞进嘴里咬嚼，被一警察发现，即用双手卡住王若飞的咽喉，王若飞拼命搏斗，竭尽全力咬烂文件。但没有全咬烂，被敌警拿去一部分。敌警迅速将它烘干熨平，根据这些文件提供的证据，判定了王若飞的身份，并连夜审讯王若飞，妄图从王若飞嘴里了解内蒙古地下

泰安客栈

1938年，王若飞（右起）、南汉宸、朱德、王世英、莫文骅、曹里怀、阎红彦在延安。

1940年，王若飞（左一）和王稼祥、朱仲丽在延安合影。

党的组织和活动情况,以便一网打尽。但是,他们没有从王若飞口里得到地下党的任何情报。最后,敌人将王若飞押赴刑场施行假枪毙,企图恫吓他屈从。王若飞神态自若,大义凛然,准备从容就义。无奈之下,敌人只好将他押回警察局,假枪毙伎俩亦完全破产。

包头的反动派无法对付王若飞,只得将他解往归绥城。1932年1月底,王若飞被押送到归绥市牛桥"第一模范监狱"。王若飞的才华和胆量,受到当时国民党绥远省主席傅作义的赏识。傅作义曾说:"军人上战场,脸也得白一白,他在刑场上竟面色不变,态度自若,人才都出在共产党内。"傅作义曾把王若飞请到他的客厅里,作了一次长谈,表示只要他答应出狱后在绥远做事,就可获得释放。王若飞拒绝了傅作义提出的条件,要求无条件释放,否则,宁愿老死囚笼或死于断头台,也不愿出来。

傅作义对王若飞屈服的指望落空后,便将他交给绥远高等法院。1934年4月23日,绥远高等法院开庭宣布判处王若飞15年徒刑。宣判后,王若飞立即在自己的帽子上,用红线绣了个"出"字。有些难友问他"出"是什么意思?他笑着说:"出就是表示快出牢房了!敌人判我15年徒刑,我就熬他15年,反正我要出去。老实说,我肯定坐不了15年,因为中国革命用不了15年定会成功。为了革命事业,我必须活着出去。"

在近6年的铁窗生活中,他始终坚贞不屈,表现了一个共产党员的崇高气节。

延安抗战　担当重任

1937年全国抗战爆发前夕,王若飞被党组织营救出狱。同年8月到达延安,先后任中共陕甘宁边区宣传部部长、统战部部长。他创办了陕甘宁边区党委理论刊物《团结》月刊,作为宣传党的方针政策的阵地。他是这个刊物的主要领导人,也是主要撰稿人。

1938年秋,王若飞调任中共华北华中工作委员会秘书长,不久,又

1944年王若飞(前排中)在曾家岩50号会见外国记者。前左起：王炳南、张晓梅，右二为徐冰，后排左二为龚澎。

兼任八路军副参谋长。1940年春，日寇开始加紧了对我根据地的"扫荡"，我敌后许多根据地变为游击区，大的城镇被敌占领。王若飞根据毛泽东有关抗日游击战争的作战形式和任务的指示，适时地提出将大兵团转移到山地，或分成若干小支队活动；游击区开展以地方游击队和游击小组为主的武装斗争。为了粉碎敌人的"扫荡"，坚持长期的抗日战争，他认为游击区各级党委必须组织一支有一定数量的地方游击队。

王若飞还深入到华北敌后根据地，考察游击队组织和游击战争的情况，同各级指挥员开座谈会。并于1940年4月，在《八路军杂志》上发表了《华北游击队与民众游击战争发展的经验》一文，全面总结了抗日战争三年来华北地区游击战争的经验，提出了游击队的七条任务，为游击战争的发展和发挥它在抗日战争中的作用，指明了方向。

1941年冬，王若飞调任中共中央秘书长和党务研究室主任。受中共中央的委托，起草了《中共中央关于抗日根据地土地政策的决定》。后又反复修改十多次，于1942年1月28日经中央政治局讨论通过，最后颁发到全国各抗日根据地施行。《决定》体现了我党抗日救国的十大纲领和抗日民族统一战线的政策，它在各抗日根据地的贯彻执行，对于团结群众，发展生产，巩固抗日根据地起到了重大作用。

1945年8月28日,为争取国内和平,毛泽东和周恩来、王若飞在赫尔利、张治中陪同下离开延安赴重庆谈判。

重庆谈判　针锋相对

抗战胜利前后,王若飞曾作为中国共产党代表之一,多次参加同国民党的谈判。1944年5月,他作为林伯渠的助手赴西安、重庆,与国民党谈判。他还协助董必武主持中共南方局的工作,11月起任中共南方局工委书记,负责主持南方局日常工作,广泛团结各民主党派和无党派民主人士,共同与国民党顽固派进行斗争。

1945年6月,在中共第七次全国代表大会上,王若飞当选为中央委员。

1945年8月,抗日战争胜利后,蒋介石接连三次电邀毛泽东到重庆谈判。28日,周恩来、王若飞陪同毛泽东飞抵重庆。从9月4日至10月10日,国共两党谈判代表举行了十次正式谈判会议。周恩来是中共代表团的首要发言人,王若飞配合周恩来作了多次发言。他讲话从容不迫,铿锵有力,常常使对方处于被动地位。重庆谈判期间,他日夜操劳、呕心沥血,协助毛泽东、周恩来工作。

10月10日下午,中共代表周恩来、王若飞同国民党代表王世杰、邵力子、张治中,在桂园客厅签署了《国民政府与中共代表会谈纪要》。11日,王若飞、张治中乘飞机陪送毛泽东返回延安。12日,王若飞和张治中

1945年12月16日,中共派代表赴重庆参加政协会议。中共代表团部分成员,左起:陆定一、周恩来、邓颖超、董必武、王若飞。

同机由延返渝。43天的谈判斗争,至此结束。

《纪要》虽未解决我解放区的地位和政权问题,但迫使国民党承认我党在国际国内的政治地位,同意召开各党派和社会贤达参加的政协会议,承认我党领导的人民军队的地位,从而争得与国民党进行斗争的依据。

1946年1月10日上午,王若飞代表中共方面出席在重庆召开的政治协商会议。在会上,他按照党中央要求,既坚持原则,又掌握灵活的斗争策略,在改组政府和国民大会等重大问题上,团结各民主党派,同国民党的独裁政策进行了针锋相对的斗争,受到了多方的赞扬。

2月10日,王若飞和董必武由重庆回延安,向中共中央汇报工作。13日,董必武、王若飞、秦邦宪由延安飞渝。这时重庆的政治气氛继续恶化。22日,国民党反动派煽动重庆学生举行反苏游行,特务暴徒乘机捣毁《新华日报》民生路营业部。王若飞与博古一起,代表中共代表团接见了青年学生,当场向他们揭露国民党特务制造行凶事件的阴谋,从而争取了群众,有力地回击了敌人的破坏与捣乱。

不幸遇难 虽死犹荣

1946年4月8日,王若飞携带着中共代表团就宪法、国民政府组成等问题同国民党谈判的最后方案,同秦邦宪、叶挺、邓发和黄齐生等,乘飞机离开重庆返回延安,准备向中共中央请示汇报。因天气原因,能见度很低,飞机中途迷失方向,不幸坠毁,机上人员全部遇难,王若飞时年50岁。

"一切要为人民打算",这是王若飞临别重庆时向周恩来说的最后一句话。这句名言却成了他对人民、对党的遗言,也是他一生革命实践最公正的总结。

毛泽东为"四八"烈士题词:"为人民而死,虽死犹荣"。周恩来得知王若飞遇难后,悲痛地说:"失掉了他,好像失掉一种力量,失掉一种鼓励,失掉了一个帮手。"王若飞以自己的生命,实践了他"一切要为人民打算"的诺言。

王若飞烈士墓

王若飞烈士塑像

邓恩铭
(1901-1931)

荣　　　誉：	中国共产党创始人之一
出　生　地：	贵州省荔波县
民　　　族：	水族
诞　　　辰：	1901年1月5日
逝世纪念日：	1931年4月5日
牺牲年龄：	30岁

走出水族寨子

1901年1月5日午时，邓恩铭出生在贵州省荔波县城东40里的水堡寨。他是老八，家里人都叫他老乖。邓恩铭是长子，聪明伶俐。很小的时候，父亲就让老师为邓恩铭"发蒙"，成为水堡启蒙读书最早的一个孩子。后来，邓恩铭跟随行医的爷爷住在荔波县城，进入了一座六年制的小学——"荔泉书院"。

邓恩铭故居

小资料

水族

水族，中国少数民族之一。现有30余万人，主要聚居在贵州省黔南布依族苗族自治州的三都水族自治县和荔波、都匀、独山以及黔东南苗族侗族自治州的凯里、黎平、榕江、从江等县，少数散居在广西壮族自治区的西部。主要从事农业，善种水稻和糯稻。

水族的居住地位于云贵高原东南部的苗岭山脉以南，都柳江和龙江上游。那里森林密布，山水如画，适于农林业的发展，是贵州的鱼米花果之乡。水族人民在民歌中常以"像凤凰羽毛一样美丽"来形容自己的家乡。

水族从事农业，以种植水稻为主，"九阡酒"是水族传统佳酿。水族有自己的历法，水历与夏历基本一致，但以夏历八月为岁末，九月为岁首。

在书院里，恩铭带着从奶奶身上传承的音乐天赋成为最有名的小歌星，他为一支水家谣曲填的新词，很快就在同学间流传开来。"种田之人吃不饱。纺纱之人穿不好。坐轿之人唱高调，抬轿之人满地跑"。他创作的很多歌谣都是宣传新思想的，是当时书院里思想最活跃的学生。

恩铭学习非常刻苦，成绩优异。在品质上，更是人人敬佩。1915年袁世凯与日本人签订《二十一条》的消息传到荔波县城，恩铭与同学们手执旗帜在大街小巷向群众宣传爱国思想，痛斥袁世凯的卖国行为。恩铭上到小学六年级，年龄大些了，他考虑得也更多、更深了，他特别希望走出去。但由于家里的日子愈发艰难了，眼看小学毕业后无力升学，为此他痛苦不堪。无奈之下，他就给在山东做县官的亲戚写了封言辞恳切的信求助。后来在亲戚的慷慨资助下邓恩铭走出了贵州。这也改变了邓恩铭的人生轨迹。

探求真理的爱国学生

1918年，邓恩铭考入济南省立第一中学，这是山东最有名望的学校，为此家人非常高兴。在一中读书时，邓恩铭的眼界也变得更加开阔。尽管校方不欢迎同学们议论政治,可是当时的山东正处在北洋军阀的黑暗统治下,也是日本帝国主义虎视鲸吞的目标。尤其是第一次世界大战爆发以来,长期被德国压制的济南人民谁不为国事忧心?"科学"、"民主",这些新鲜的字眼,一旦吹进校园,便吹进了学生们的心中。内忧外患让恩铭更多地思虑国家的兴亡和人民的命运。

1919年春天,他开始研读《北京大学日刊》,他把《日刊》中反映的新思想,讲给同学们听。自从巴黎和会讨论山东问题以来,邓恩铭一直忧虑地关注着事态。尽管反动派封锁消息,然而关注国家前途和人民命运的邓恩铭等青年知识分子,还是得知了北京发生五四运动这一振奋人心的事件,便奔走相告:"中华民族要奋起!救国救民,必须学习北京青年的榜样。"这时,邓恩铭因深受同学拥护,被选为省立一中学生自治会的负责人兼出版部长。

18岁的邓恩铭积极响应北京学生爱国运动,组织学生参加罢课运动,并结识了省立第一师范学校的学生领袖王尽美,在共同的战斗中两人成为亲密战友。1920年11月,他与王尽美还有进步青年50人成立了"励新学会",出版以介绍新文化、新思想为宗旨的《励新》半月刊,积极为该刊撰写文章,介绍新思想、新文化和俄国十月革命。

在这期间,李大钊曾派人来济南传播马克思主义;邓恩铭也曾被选派为学生代表,去北京和天津,与北方早期的马克思主义者联系,请教如何在山东开展革命运动的问题,学到了不少经验。

年龄最小的一大代表

1920年夏秋之交,邓恩铭、王尽美等人发起组织成立"马克思学说研究会"。1921年春,他与王尽美在此基础上,联络了几个信仰马克思主义,并愿为共产主义奋斗的进步青年,秘密组织了山东的第一个共产主义小组。邓恩铭是小组的领导人之一。这就是济南的共产党早期组织。

邓恩铭故居

济南省立第一中学

学生时代的邓恩铭

不久,山东共产主义小组接到了上海的中国共产党发起组的通知,让他们于7月派2名代表到上海,参加中国共产党成立会议。这两名代表就是王尽美和邓恩铭。

7月23日,中国共产党第一次全国代表大会在上海召开。出席大会的12名正式代表中,20岁的邓恩铭是代表中年龄最小的一位,也是唯一的少数民族成员。"一大"最后一次会议是在浙江嘉兴南湖的一条游船上举行的,为掩人耳目,邓恩铭拉起二胡,还唱起了《打渔杀家》、《秦琼卖马》等京剧片段。会后两人回到济南,建立了中共山东支部,邓恩铭任支部委员。

1922年1月,邓恩铭远赴莫斯科参加"远东各国共产党及民族革命团体第一次代表大会",会后留在苏联参观考察,受到列宁的接见,邓恩铭很激动。与会期间,列宁朴实平易,并以身作则,每天按共产党员的供应标准领取黑面包,这件事使邓恩铭终生难忘。

回国后,他把主要精力放在工人运动上。当时,山东党组织把工人运动的重点放在济南、青岛、淄博等工矿区。他到被日本帝国主义势力控制、当时山东最大的矿区淄博张店,调查工人的劳动情况和生活状况。他在工人当中住下来,深入开展宣传、教育工作,号召工人组织工会。在他的努力下，淄博矿区很快建立了工会组织，以后又建立了党的组织——中共洪山矿区党支部。

1922年7月16日到23日，中国共产党第二次代表大会在上海召开，邓恩铭又参加了"二大"。

撒播火种的共产党员

1922年底，邓恩铭又来到了青岛。他以东镇小学教员的身份作为掩护，第一步便是开展党、团组织的建设工作。

他是第一个到青岛从事党的工作的人。邓恩铭在"上层社会"和知识分子中间活动时，落落大方，像个学者；但每到各个工厂开展工作，就又变成了另外一个人，穿的是粗布短裤褂，谦逊敦厚，极像一个朴实地道的工人。工人们见到邓恩铭，极愿意向他揭发资本家的内幕，帮他分析情势，把自身的疾苦、内心的希望推心置腹地告诉他。他也经常化装成工人，深入工厂车间、铁路车站和职工家庭，启发工人觉悟，建立工会组织，领导工人进行斗争。

为了迅速在青岛打开局面，他深入到四方机厂、纺织厂、火柴厂、油厂……并很快把工作重心落在四方机厂和胶济铁路沿线。邓恩铭在四方机厂，经常走访穷苦工人，在工人聚集的地方召开半公开的演讲会，宣传马克思主义；在工人阶级队伍中，发现有斗争觉悟的先进分子，便吸收他们入党，壮大革命的骨干力量。1923年1月，正式成立了以邓恩铭任书记的党组织，他先后任中共直属青岛支部书记、中共青岛市委书记。

"二八"大罢工

邓恩铭获悉胶济铁路当权者南北两派为争夺局长职位正在内讧的

四方机厂工人罢工胜利后召开全体大会

青岛日商纱厂工人罢工

消息后,立即召集会议,决定利用这次敌人内讧领导工人进行罢工。1925年2月8日夜里12点,胶济铁路工人们掀起了青岛市规模空前的工人运动,威震千里胶济线。铁路工人用枕木钢轨封锁了铁路线,司机熄灭了机车的炉火,各站各段的工人,一律停止了工作。未开出的客车、货车一律不开出;已开出的,在夜晚12点开到哪里,就停在哪里,不再开动。由青岛开往济南的客车停在高密站上;由济南开往青岛的,原地"闭气",未能开动。胶济铁路,全线瘫痪!日本人准备另寻铁路人员替代的企图也被粉碎了。

第二天清晨,四方机厂的工人都按点到厂,机器却不开动。这就是邓恩铭等领导的四方机车厂工人的同盟大罢工。此次罢工配合了铁路沿线的斗争,历时9天,取得了胜利。

两大罢工联动,迫使铁路当局答应了工人的部分要求。"二八"大罢工的胜利,震惊全国,青岛市的工运也顺势向前推进。紧随胶济铁路总工会的成立,水道局、电话局、啤酒厂、烟厂、铁厂、木厂……都成立了工会,准备举行罢工,向资本家提出改善待遇的要求。资本家非常害怕,赶紧找工人谈判,对工人代表说:"你们要增加工资就增加好了,不必罢工。"不等工人正式宣布罢工,他们都被迫"识时务"地给工人增加了日工资七分。

同年4月，邓恩铭与王尽美等人又组织领导了青岛日商纱厂的工人同盟大罢工，罢工工人达到1.8万人，形成了青岛历史上震惊中外的第一次罢工高潮。

两次被捕

在罢工的大浪潮中，邓恩铭奋勇参加斗争，尤其是领导日商纱厂工人大罢工时，他经常出入日商纱厂，这些很快引起了胶澳商埠和日本人的注意。他们派出大批暗探盯梢邓恩铭，查清了他的具体住处后，1925年5月4日青岛警察逮捕了邓恩铭，这是邓恩铭第一次被捕。党组织马上进行积极的营救，并号召纱厂工人继续罢工。在各方面的积极努力下，很快邓恩铭就被释放，但由警察武装押送他"出境"，他被青岛方面驱逐出了青岛。邓恩铭刚被押解到济南，就借口家里有事，必须和亲戚南去贵州。之后他又乘车悄悄潜回了青岛。

同年8月，邓恩铭被任命为中共山东地方执行委员会书记。11月，地执委在济南东关筹备纪念十月革命活动时，不料被敌人侦知，区委机关遭破坏，邓恩铭第二次被捕入狱。

在狱中，由于遭受敌人的残酷折磨，多次受刑，邓恩铭的结核病恶化很快。因为邓恩铭的生活很俭朴，还常把菲薄的生活津贴给了生活最困难的同志，加之工作繁忙、饮食起居没有规律、睡眠不好，结果患了结核病。酷刑、重病交加，他始终不屈服。在党组织多方设法营救之下，邓恩铭得以保外就医。重刑摧残，痼疾折磨，让他形容枯槁，力不能支。同志和家人都很为之伤心，他就活动着腿脚，不以为然地说："这不是很好吗？坐牢算啥！往后还得和那些狗斗一斗！"

1926年6月，邓恩铭不顾疾病痛苦再次秘密回到青岛，主持市委工作。这时，青岛的党组织遭到很大破坏，亟待恢复和整顿。他跑遍市区，

胶澳(青岛)巡捕局旧址

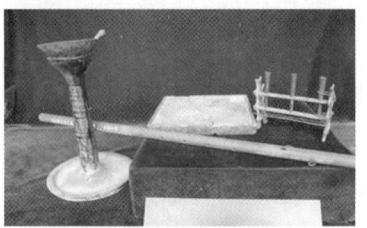

邓恩铭使用过的油灯、铜箫、砚台和笔架

王尽美、邓恩铭塑像

和隐蔽下来的党员陆续接上关系,指导他们在工人中宣传北伐革命。同时,他还去崂山郊区活动过。有一次,邓恩铭为了甩掉"尾巴",在崂山里绕了七八十里路;还有一次,他发现有几个形迹可疑的人死死跟在他的身后,他转了几条小巷,跟踪的人紧随其后,他急中生智闪进一家理发店,假托上厕所从后门逃脱,让尾随进店的敌人守着他故意留在店墙上的包袱等了个空。在极为困难的情况下,他迅速恢复了青岛的党组织。

狱中的斗士

1927年4月,邓恩铭出席在武汉举行的党的"五大"。会议闭幕后,邓恩铭被邀请到"中央农民运动讲习所"讲课,介绍山东地区工农运动情况。回到山东后,担任了中共山东省执行委员会书记。

大革命失败后,山东党组织受到很大波及,很多人经不住考验退党了。王复元是省委领导人之一,1927年他去武汉参加会议,回山东时,党中央让他带回10000元活动经费,他竟然携款私吞。为此邓恩铭严重警告并且批评了他,他不但不接受,竟然在1928年上半年投靠了国民党。

在党处于最危急的时刻,中共山东省

委曾在 1927 年 9 月 15 日给党中央致电,要求把邓恩铭调出山东,以防不测。

1928 年春,中共青岛市委改组,邓恩铭任书记。同年 12 月,党组织受到最严重破坏的时候,邓恩铭回济南向省委汇报工作。不幸的是,由于因贪污党的活动经费而被开除出党的王复元等叛变分子的投降告密,省委机关惨遭破坏。为了把损失减到最小,邓恩铭往来奔波亲自通知大家转移,自己却第三次被捕了。

济南府前街的日伪警察厅拘留所关押着邓恩铭和被捕的其他同志,从入狱那天起,邓恩铭就用"黄伯云"的化名与敌人周旋。他领导狱友向敌人抗争,争取改善待遇、不戴脚镣以及拥有阅读书报的权利,后来他们胜利了。关押期间,邓恩铭特别关心狱中的难友,每当家中送来好吃的饭菜,他都分给病友。但狱中的生活非常艰难,很快邓恩铭脖子上的淋巴结核又溃烂了,病痛再一次折磨着邓恩铭。

1929 年 4 月 8 日,国民党从日本人手中接管了济南。邓恩铭等人获悉了这个消息后决定趁国民党与日本人交接的混乱当口,进行越狱。当时狱中关押了一大批"土匪犯",其实是直鲁联军的军官,他们个个身强力壮,又特别胆大,通晓军事,能打善战,越狱时他们将会起到很大作用,可以借助他们的优势。邓恩铭等中共党员就对他们大力宣传,经过不懈的努力,他们赞同了越狱计划,并表示愿意带头行动。不料越狱计划不慎为一不坚定分子得知,企图告密。

4 月 19 日晚上,直鲁联军军官李殿臣等几个人借口上厕所,把看守打倒,缴获十几条枪后,冲出监狱,而其他几个囚室的犯人当时戴着镣铐,根本无法越狱。这次越狱斗争,只有一人脱难了,其余人后来都被抓获。但这为第二次越狱斗争打下了基础,也给他们提供了经验和教训。

这年 5 月,日本人撤出山东,国民党山东省政府由泰安迁到济南,原来泰安监狱里山东各地抓捕的共产党人一下子挤到济南监狱里,人满为患,生活状况更加恶劣。邓恩铭带领狱友继续和国民党进行斗争。

因为狱方把发霉变质的食物发给囚犯,他们还开展了绝食斗争。

不久邓恩铭又开始筹划第二次越狱,这次他吸取第一次的失败教训,把越狱时每一个具体的细节都考虑细致,并制订了许多应急方案。因为当时蒋介石鼓噪"文明监狱",监狱允许他们和家人通信,于是通过家书,邓恩铭同狱外的中共地下组织取得了联系,利用家属探监而秘密带进了许多锯条等工具。狱中难友们又巧妙地利用与家人通信得到的信封,把厕所中用于清洁厕所的石灰粉装在一个个信封里面,并分发到各个囚室,作为越狱时的"特殊武器"。为了解决越狱后疏散的路费,狱中同志就把零钱集中起来统一计划使用。正当秘密计划时,被一个叛徒发觉。邓恩铭立即用声东击西、调虎离山的计策来迷惑敌人。

7月21日,一个星期天,吃过晚饭后看守都很松懈,提不起精神,时机很好。狱中难友做着一切准备,系好鞋带,扎紧腰带,带上石灰粉……邓恩铭见状,一声令下,越狱行动迅速展开,狱友们冲出囚室,打倒看守,预先准备好的石灰包也发挥了作用,看守们被石灰包打中,睁不开眼睛,躺在地上打滚。总共18个人冲出了监狱。看守见此情景,连忙呼叫后援去大街抓捕。邓恩铭患有严重的结核病,由人背着,行动较慢,第一个被抓回来。接着又有几个人被抓了回来。18个人当中跑掉了7个人。

第二次越狱事件,使敌人狼狈不堪,震惊了国民党当局,"模范监狱"的看守长也因"渎职"罪被枪毙。监狱悬赏每人500块大洋通缉越狱脱险的共产党人,而对重捕回狱里的难友们,更加残酷地对待,邓恩铭也被关进了死牢,严加拷问,施以重刑。

英勇就义

在监狱中,虽然经历了许多次审讯,但狱方始终不知道邓恩铭的真实身份是中共山东省委书记,一直认为他是"黄伯云"。法庭一时也判决不下。他的贵州同乡仍在不断想办法保释他出狱。1930年元旦，蒋介石制造"特赦政治犯"的舆论，我党组织也加紧对在押"政治犯"的营救，邓恩铭想：也许今年就有出狱希望。但一个叫张苇村的人打碎了邓恩铭的希望。

张苇村是国民党元老之一，第一次国共合作时，他对邓恩铭十分熟悉。此时张苇村被新任山东省政府主席韩复榘任命为审判长，负责审讯共产党人。当张苇村看到名单，知道狱中有一个叫"黄伯云"的人时，他立刻意识到此人就是大名鼎鼎的邓恩铭，于是命令连夜提审黄伯云，决定安排一场特殊的审讯。审讯室里，张苇村忽然开腔，直呼"邓恩铭"，就这样邓恩铭的真实身份暴露了。

1931年4月5日清晨，邓恩铭和其他共产党员被押赴济南纬八路刑场。当年最年轻的党代表邓恩铭英勇就义，牺牲时才30岁。

"四五"烈士纪念碑。1931年4月5日，邓恩铭等22名共产党重要领导人在济南纬八路刑场（今省委党校院内）英勇就义，史称"四五"烈士。

济南烈士陵园中的邓恩铭烈士墓

开国英模

冯 平
(1899–1928)

荣　　　誉：琼崖工农红军总司令
出　生　地：海南省文昌县
民　　　族：汉族
诞　　　辰：1899年3月11日
逝世纪念日：1928年7月4日
牺 牲 年 龄：29岁

"父老兄弟们！本人就是琼崖工农红军总司令冯平，感谢大家来看我，革命不怕死，怕死不革命，杀了一个冯平，还有千万个冯平。革命是杀不绝的，共产主义一定会实现。"

这是敌人的如意算盘，本打算把抓获的这条大鱼——琼崖工农红军总司令冯平"游街示众"，好显示一下他们的本事，结果这位海南岛早期的革命领导人反过来鼓励同志和百姓们不畏强敌,坚持斗争。敌人的如意算盘落空了。

华侨之家　青年才俊意风发

海南省文昌县东路镇美德村,是一个风景如画的椰林乡村,这里是一代英雄冯平的故乡。1899年3月11日,冯平出生在一个农民家庭。当年,冯平的父亲冯思余惜别新婚的妻子,从家中步行到港口,搭船远渡暹罗(今泰国)谋生挣钱,开始了冯家的出洋史。

冯思余起初居住在泰国南部的小岛,它是海南人最初到泰国谋生的地方。赚了点钱的父亲一点点地积蓄着,按时将钱寄回文昌老家,给妻子养家。家中兄弟三人,冯平排行老二,原名冯夙蕃,表字茂南,参加革命后改名冯平。

冯平8岁进村中"育民学堂"读书。因为父亲出国谋生,家中一切都由母亲操持,但母亲特别希望孩子们能成为读书人。冯平学习用功,每学期考试都名列前茅。高小毕业后,他考上了琼崖中学(就是现在的海南师范学校),这里是琼崖学生运动的中心,大多数教师和学生倾向进步。在这里上学的几年间,国内外发生了

海南省文昌县东路镇美德村

冯平故居

宋庆龄及其家族祖居也在文昌县。图为宋氏祖居前的宋庆龄塑像。

琼崖中学

一连串的巨变：第一次世界大战爆发、日本出兵山东半岛、袁世凯签订《二十一条》、俄国十月革命胜利……动荡岁月中冯平思考着、行动着。

中学毕业后，冯平得到一位旅泰华侨的资助，1921年考入了上海文华大学，一年后考入广东高等师范学校英语部读书。期间，他开始如饥似渴地大量阅读革命书刊，接受共产主义思想，向往十月革命道路。当年冯平的同窗回忆说："冯平不喝酒不吸烟，放假走路回家，在校乐意助人，英语、国文、算术三门功课优等，又肯帮助同学，因而同学都称他'亲家'。"

在五四运动期间，冯平是学生运动的领导人，他多次带领海南的进步青年学生投身革命洪流。1923年，党组织选送冯平到苏联莫斯科东方劳动者共产主义大学学习。

冯平后转到苏联红军学校中国班攻读军事，当时，他被编在第7组，组长是聂荣臻。红军学校设在莫斯科城里，学员们经常到莫斯科郊外的森林进行野外演习。军事学校要求很严，训练很紧张，学习战术、技术，有时也进行打靶。白天晚上，还要轮流站岗放哨，过的完全是正规红军的生活。

聂荣臻元帅在他的回忆录中写道："军事学校的教官，全部是从红军各军部抽调来的，几乎都是苏联内战时各个战场相当于将军级别的红军高级指挥官。"

学成归国　琼崖革命先驱者

1925年8月风华正茂的冯平毕业后回国。在莫斯科火车站，冯平与前来送行的朋友依依惜别，一位苏联青年赠给冯平一支精致的手枪。到达上海后，冯平被分配到南方工作。在中共广东区委接受了区委领导陈延年和周恩来等同志的接见，后被安排在广东省农民协会工作，担任中央农民运动特派员。

中共琼崖第一次代表大会旧址位于海南省海口市龙华区解放西路竹林里131号

  这一年的10月，冯平以特派员身份参加国民革命军东征，讨伐广东军阀陈炯明、邓本殷等反动军阀势力。邓本殷是陈炯明在海南岛的爪牙，对琼岛人民实行残酷的压迫和剥削，当地人称他是"土皇帝"、"杀人王"。回到海南岛后，冯平就在临高、儋县、澄迈等地公开进行革命活动。1926年2月，广东省农民协会成立省农会琼崖办事处，委任冯平为办事处主任。

  同年6月，中共琼崖第一次党代表大会在海口竹林村举行，中共广东区委特派员杨善集主持会议，产生了中共琼崖地方委员会，冯平当选为委员兼军事部长。8月，琼崖第一次农民代表大会在海口召开，成立琼崖农民协会，冯平出任主席。在冯平等人的努力下，琼崖的农民运动蓬勃发展，海南各地大多先后建立起农会组织，农会会员近20万人。冯平认为，必须建立一支农民武装来保卫农运的成果，才能巩固农协。于是，他指导各县组建农民自卫军，一面指示各县农会成立农讲所，组织训练农会中的青壮年会员，编队训练、站岗放哨、护村卫民；一面指示各县农会筹款购买和收缴地主的枪支弹药，集中起散落各处的猎枪、长矛、大刀还有藤牌，来装备农民自卫军。当时，农民武装迅速发展。至1927年二三月间，全县共有农民自卫军3000多人，长短枪1000多支。

  1927年1月，在冯平的主持下，琼崖农民协会创办了琼崖高级农民军事政治训练所，他任所长，学员多是各县农讲所毕业生中的骨干。训

小资料

琼崖特委书记——杨善集
(1900-1927)

琼崖起义领导人。广东省琼东县(今属海南省琼海县)人。

杨善集1923年肄业于广东工程学校。是年12月加入中国社会主义青年团。1924年赴苏联,先后入东方劳动者共产主义大学和红军学校中国班学习,同年12月加入中国共产党。

1925年秋回国,任中国共产主义青年团广州地委书记、广东区委书记等职。

1927年"四一二"反革命政变后,回海南岛任中共琼崖特委书记兼军事委员会主席,组织革命武装,反击国民党反动派的镇压,推动了琼崖武装斗争的发展。

同年9月,和王文明、冯平等组织领导琼崖武装起义,任琼崖工农讨逆军党代表。

9月23日拂晓,全琼武装总暴动的第一仗——椰子寨战斗打响。在一次激战中,我军寡不敌众,杨善集不幸中弹牺牲。年仅27岁的杨善集给战友留下的最后一句话是:"大家快撤,我来掩护,我有办法对付敌人。"

练所学习军事、政治、党建和农运等课程。学习3个月,冯平非常重视训练工作,每天天不亮,他就起床,早上带领学员出操,常常备课到深夜。他勉励学员说:"你们是海南农民运动的骨干,将来农民打仗要靠你们带领和指挥,你们要好好学习军事,学会带兵打仗。"他还提醒大家说:"革命道路是不平坦的,前进中必然会有曲折,会遇到许多困难。要立志战胜困难,争取胜利!"农训所的学员毕业后返回各地,推动了当地的农民自卫武装的进一步发展。

面对屠杀 屡当重任指挥忙

1927年4月12日,蒋介石在上海发动了反革命政变,10天后,在远离大陆、孤悬海上的琼崖岛上,国民党新军阀也发动了政变,屠杀共产党人和革命群众,从海口、琼山、文昌等城镇扩大到乡村,一时间,白色恐怖笼罩琼岛。局势千钧一发,反击刻不容缓。党组织发动和组织群众,领导农军开展武装斗争,反抗国民党反动派的屠杀政策。6月,根据广东区委的指示,中共琼崖地委改为中共琼崖特委,7月特委将各县革命武装统一改编为"琼崖讨逆革命军",每县编1个路军,共700余人,并成立司令部,冯平任总司令。

为响应中共中央关于举行秋收起义的决定,1927年9月上旬,在杨善集主持下琼崖特委在乐会县第四区召开了军事会议,决定于9月间举行全琼武装总暴动。冯平被派往西路,统一组织指挥澄迈、临高、儋县等地的暴动。

10上旬,他指挥儋县、临高讨逆革命军和农军统一行动,决定在"双十节"前后攻打儋县县城新州镇。为了迷惑儋县方面的敌军,冯平指挥队伍迂回在儋县、临高边境,部队行至临高城时,虚晃一枪,又折返回来。10月10日上午,临高讨逆军悄悄登上3艘渔船,向西南方的儋县驶去。这时,儋县沿海一带的农军已经做好了战斗准备。

11日黎明,晨雾尚未散去,两县700余名武装队伍向新州挺进,沿途群众听说要攻打儋县县城新州镇,纷纷拿起木棒、梭镖跟在队伍后面。下午3时左右,队伍抵达了新州城下。冯平指挥队伍快速冲进县城,占领了与县政府相邻的儋县中学,接着包围了县政府,对它发起攻击。由于县府墙高坚固,久攻不下,冯平决定改变战术,围而不攻,连夜赶制云梯,组织攻坚队。这支尖兵在步枪火力的掩护下,在讨逆军、农军和群众的呐喊助威声中,打开了西北角的缺口,越过高墙,跳进院内。12日拂晓攻陷了新州,歼敌数十人,宣布成立儋县临时革命政府,并打开监狱救出被关押的共产党员和群众100余人。由于敌军反攻,临时革命政府在县城办公15天后撤向农村,被百姓亲切地称为"半月红"。

11月上旬,特委在乐会县第四区召开第一次扩大会议,贯彻中共中央"八七会议"关于土地革命和武装起义的精神,决定进一步扩大武装起义,建立苏维埃政权和根据地。遂将琼崖讨逆革命军改编为琼崖工农革命军,冯平任总司令,特委书记王文明兼任党代表,设东、中、西三路总指挥部,冯平兼任西路总指挥。

西路工农革命军成立当天,反动武装劫掠龙坡村。冯平立刻命令副总指挥冯道南率领两个连革命军去打击敌人,保护群众。革命军赶到临高县龙坡村,把反动武装包围起来,除少数听到枪声逃跑外,大部分敌

人被消灭,缴获长短枪22支。

西路工农革命军成立第二天,临高、澄迈县国民党反动武装600多人进攻下岭村。革命军一个连守在村里还击来犯之敌,同时派人向指挥部报告。冯平接到报告后,立即通知下岭村我军,要充分利用村庄周围的有利地形,坚守阵地,等候援军;同时派出3个连革命军增援,利用暗夜偷袭敌人。村中的革命军英勇作战,敌人攻打一个下午,被打伤几十人,也进不了村庄。太阳下山后,增援的革命军赶到,敌人受到内外夹攻,伤亡惨重,连夜撤军。这是琼崖早期革命史上一次著名的战斗。

冯平留学苏联,有很深的军事素养,也受过严格的革命思想锤炼,在革命的关键时刻,他屡被委以重任。

反击"围剿" 分散部队打游击

1928年2月,琼崖工农革命军按照中共中央决定改称琼崖工农红军,共1400余人,冯平担任琼崖工农红军总司令兼西路红军总指挥。同时将农军改称赤卫队,总人数达1万余人,各地红军逐步向国民党军力量薄弱的山区发展。

1928年3月,广东国民党当局派其第11军10师师长蔡廷锴率所部以及其他部队4000余人,从广州出发,渡过琼州海峡,"围剿"琼崖工农红军和苏区。

3月22日,国民党临高县政府命令那舍区国民党团董带兵"围剿"工农革命军,团董王开礼是共产党员,那舍区党支部书记,冯平在临高从事农民运动时两人结识。大革命失败后,王开礼没有暴露,冯平让他潜伏下来,做党的地下工作。不久,国民党临高县政府委任他为那舍区团董,王开礼在团丁中安排了一批共产党员做骨干,还秘密动员团丁。当王开礼接到"围剿"命令后,立即向西路军总指挥部报告,冯平要他当机立断,发动起义。在冯平的接应下,150多人的起义队伍顺利地改编为

琼崖红色根据地的女战士

两个连。

　　同年4月初,冯平在太平北方村召开西路红军扩大干部会议,讨论扩大红军和作战问题。会议原来准备开9天,但会议进行到了第七天,从远处传来了枪声,冯平走出屋子仔细倾听,看是不是地方团丁放鞭炮搞鬼,结果是敌人正规军的机枪声。冯平沉着部署队伍分头反击,自己亲自率领100多名战士在村外的高地迎战。战斗持续到第二天,敌军大兵压境,冯平决定立即率部转移。

　　当晚,部队向临高进发,次日,遭遇到民团,前进受阻,连夜撤离。后又经历了一场恶战,红军损失过半,冯平果断地指挥部队撤退到西昌镇。红军驻扎在西昌镇仁教岭一带,岭上山高林密,一半是原始的三角枫树,一百多米高,树身一人都不能合抱。岭下有百户人家。村民到山上种烟叶时,会在烟地旁用木头和茅草搭一个寮看守。冯平和战友们住在烟寮里。

　　5月,西路军指挥部和西区县委在西昌召开了两天紧急会议,研究如何对付蔡廷锴的"围剿"。会议上,冯平指出:"国民党第10师纠集地方民团,集中力量向西路军进攻,妄图鲸吞我们。我们要避其锋芒,保存有生力量与其周旋。他们西来,我们东去。共产党员、革命战士要服从命令,听从指挥。点到名的随军东调,没点到名的留下来牵制敌人。"会后,冯平和60多位留下的红军指战员,送别东调红军队伍后,编成小组,分散进行隐蔽活动,开展游击战。

被"示众"的冯平

就义前的冯平

坚拒劝降 英雄折翼添悲壮

1928年5月9日,叛徒带着敌人从小路偷袭冯平住处。冯平的警卫员发现了敌人,立刻开枪,冯平听到枪声,一骨碌从床上起来,走出草寮,向敌人射击,边打边撤。冯平随身的手枪是苏联同学赠送的,原有30颗子弹,打得已经所剩无几。他准备进入密林,到山下组织部队反击。当冯平纵跃到一个壕堑时,一支竹签深深地钉到了脚里,剧烈的疼痛从脚掌直通脑门。冯平忍住剧痛,踉跄着走下山坡,当走到一片水田时,因流血过多,再也走不动了,这时,叛徒带着敌人追上来了,冯平被捕。

冯平被捕第二天,澄迈县金江到处张贴布告,醒目的黑体大字"共匪头冯平被擒"贴满金江城,白色恐怖的消息四处散播。这一天,正是金江墟日,成千上万的人从四里八乡赶来,冯平被捕的布告刺激了人们的好奇心和同情心。老百姓在低声传说:"冯平今日要押来金江。"

原来,冯平被捕后,敌人要大造舆论,利用金江墟日,把他绑缚在竹椅上抬着"示众",百姓怀着沉痛的心情前来看望自己的红军司令,而受伤的冯平此刻被绑在椅上,毫无惧色,脸上还流露出激动的神情。他对站在路旁的群众说:"父老兄弟们!本人就是琼崖工农红军总司令冯平,感谢大家来看我,革命不怕死,怕死不革命,杀了一个冯平,还有千万个冯平。革命是杀不绝的,共产主义一定会实现。"

冯平的慷慨激昂,将生死置之度外的英勇气概,感染了在场的百姓。在国民党军刀枪的前后"护送"下,伤痕累累的冯平进入绅士局的大院里,由一个连的敌军日夜看守着。

敌人多次审问,冯平宁死不屈,只用简单一句:"我个人之生死,早已置之度外,请便吧。"来回应敌人。

1928年7月4日,年仅29岁的共产主义战士、琼崖革命先驱冯平,在国民党反动派军警的押送下,昂首从容走向刑场,在澄迈县金江镇英勇就义。

冯平牺牲以后,他的战友冯白驹等继承他的遗志,继续高举武装斗争的旗帜,战胜艰难险阻,坚持孤岛奋战。

任常伦
(1921–1944)

荣　　　誉：一级战斗英雄
出　生　地：山东省黄县孙胡庄(今龙口市常伦庄)
民　　　族：汉族
诞　　　辰：1921年(具体日期不详)
逝世纪念日：1944年11月17日
牺 牲 年 龄：23岁

"战斗英雄任常伦,是咱黄县孙胡庄的人,十九岁参加了八路军,十九岁参加了八路军……战斗英雄任常伦,打仗赛猛虎,冲锋在头阵,为人民牺牲也甘心,他的名字,人人记心中……"

这是1945年胶东剧团为英雄任常伦谱写的颂歌,这首歌曲传唱了六十多年……

从侠义少年到八路军战士

任常伦是山东省黄县（今龙口市）孙胡庄人，生于1921年。他的家乡坐落在黄县南部山区，家里只有两间草房，二三亩瘠薄的土地，为了养活三口之家，父亲无奈，只得长年在外面给地主打工。

任常伦6岁那年，一场重病夺去了父亲的生命。由于贫病交加，10岁那年，母亲又辞别了人世。后来，叔父收养了他，并送他入学读书。特殊的身世，使他变成一个早熟的孩子。14岁时，他再也不忍心叔父一家于艰难困苦之中节衣缩食供他上学了，毅然中途辍学，帮助叔父挑起生活的重担。此后，他就加入了打短工扛活的行列。

当时，黄县有这样一种习俗，富人雇"工夫"，一般不雇光脊梁的。上学时，婶母为他做了一件粗布小褂，为此，他在打短工时雇主颇多。但当任常伦看到一些伙伴常常因光脊梁而揽不到活时，便干脆把小褂借给别人，宁愿自己闲着揽不到活干。为此，他很受邻里和穷伙伴的称赞。

1937年，"七七事变"爆发后，在中国共产党领导下，抗日的烽火在胶东大地燃烧起来。1938年5月，黄县抗日民主政府

少年任常伦（绘画）

自卫团员任常伦（绘画）

任常伦从敌人手中夺来武器（绘画）

入伍头几个月,任常伦没有发到枪,只背着一把大刀和几颗手榴弹。

建立。同年7、8月间,孙胡庄建立了抗日民主政权。

17岁那年,孙胡庄成立了自卫团,任常伦当上了村里第一批自卫团员。他踊跃地参加自卫团的军事活动,而且表现得机智勇敢。他曾多次与同志们一起埋地雷、抓"舌头"、打伏击、掐电线、破坏道路,给了日伪军以沉重的打击。

1940年8月,19岁的任常伦实现了梦寐以求的愿望,光荣地参加了八路军。开始是在地方武装黄县抗日大队当战士,同年10月又升级到八路军山东纵队五旅十四团二营五连。

铁血战士　碉堡克星

已经有过两年自卫团经历的任常伦,在他成为八路军战士后第一次战斗开始,就显露出英雄本色。入伍头几个月,由于部队武器缺乏,他没有发到枪,只背着一把大刀和几颗手榴弹。班长邹满清许诺在战斗中帮他夺一支枪,被他谢绝。他坚决地表示,要亲自从敌人手里夺一支枪。

1940年12月,八路军在掖县城南郭家店与日军展开了激战,战斗打得异常残酷。任常伦负责往阵地上运送弹药。当他把最后一箱弹药运到前沿阵地的时候,战友们的子弹已经打完,同敌人展开了白刃战。只见三个战士正同三个鬼子激烈拼刺,其中一个战友已显得体力不支。说时迟,那时快,他撂下弹药,从背后猛地将鬼子拦腰抱住。对面的战友趁势一个突刺,刺中了鬼子肩膀。他乘机夺下鬼子的大盖枪,回手一刺刀,结果了鬼子的性命。战斗结束后,营里决定把缴获的这支步枪,交给任常伦使用,以示对他的表彰。

在战斗频繁、激烈的胶东抗日战场,任常伦表现得十分突出,政治上积极进步,作战中勇猛顽强,冲锋在前,撤退在后,英勇善战,不怕牺牲。由于在作战中的出色表现,1941年任常伦被批准加入中国共产党,不久被提升为班长。

1941年,八路军胶东部队组织了反击投降派赵保原的战役。赵保原是胶东最大的顽固派和亲日派头子。长期以来与日寇勾结,以莱阳为老巢,屯集重兵,构筑工事,屠杀我抗日群众,进攻我抗日武装,气焰十分嚣张。

3月14日,成立了胶东反投降指挥部,许世友任总指挥,展开了历时五个月的反投降斗争。3月15日,许世友率部奇袭栖霞牙山,南下海阳县和莱阳县,东路进击牟平县,逼迫赵保原将兵力收缩至海

北伐时期的许世友

时任八路军胶东军区司令员的许世友

时任南京军区司令员的许世友

开国英模

许世友上将

小知识

许世友

（1905—1985）

久经考验的忠诚的共产主义战士，杰出的无产阶级革命家、军事家，中国人民解放军的卓越领导人。湖北省麻城（今属河南省新县）人。1927年加入中国共产党。同年参加黄麻起义。历任红军第四方面军第十二师团长、第九军副军长兼第二十五师师长、第四军军长、第四方面军骑兵司令。参加过长征。后任八路军三八六旅副旅长、山东纵队第三旅旅长、山东纵队参谋长、胶东军区、华东野战军第九纵队、山东兵团、山东军区司令员，中共中央山东分局委员。新中国成立后，历任中国人民志愿军副总参谋长、国防部副部长、南京军区司令员、中央军委常委、国防委员会委员。1955年被授予上将军衔。是中共第八届中央委员、第九至十一届中央政治局委员、中央顾问委员会副主任。

阳发城和莱阳万第一线。

3月底，我军打响了围攻发城的战斗。这一仗，是胶东反击投降派战役中持续时间最长的一仗，也是极为关键的一仗。

在我军强大攻势之下，赵保原自夸"固若金汤"的发城外围工事，逐个被攻破。到7月下旬，敌人只剩下城北菜园北山上的三个三层大碉堡了。

7月26日，团部下达了攻打敌残存的三个碉堡的命令，任常伦所在的五连一排由副指导员率领攻打中间最大的一个。

战斗一打响，任常伦首先率领鹿砦组冒着敌人的枪林弹雨挥舞铡刀砍开鹿砦，为部队冲锋扫清障碍，继而他又带着肩伤，在战友们的掩护下点燃了碉堡下的柴草，火攻敌人，从而使战友们顺利攻下碉堡底层。

此时，已过午夜，一排连指导员在内只剩下九人了，而且全都挂了彩，任常伦也两处负伤。碉堡里的残敌拒不投降，龟缩在上层居高顽抗，企图做垂死挣扎。敌人不投降，就叫它灭亡。任常伦和战友们下定决心，不拿下碉堡，誓不罢休。旋即架起梯子，开始了强攻。

战友史德明率先爬了上去。敌人摔石头、倒开水把史德明打下来。史德明昏了过去。面对牺牲的战友和负伤的同志，任常伦怒火满腔,完全把生死置之度外,他高喊一声:"我上!"立即登上梯子。

在战友的眼中,任常伦是一个机智、无畏的勇士!在福山县猴子沟伏击战中,他第一个跃上鬼子的汽车,与鬼子拼了刺刀,腿上两处负伤,仍然顽强坚持拼杀;莱西河源西沟战斗,他负了伤,还带领全班打退数十名鬼子的进攻,随后,又与战友们并肩向敌人发起冲锋……这次,战友们坚信,任常伦一定能够胜利地完成任务。

战火中,惊人的事情出现了:任常伦挪动着带伤的躯体,紧咬牙关,以惊人的毅力靠手劲一磴一磴地向上攀登。此刻,他浑身鲜血淋漓,肩部和腿部伤口揪心撕肺地疼痛,他面色苍白,气喘吁吁,豆大的汗珠从额头上滚下。而他心中只有一个念头:消灭敌人,为战友报仇,为群众雪恨!梯子下,七双眼睛都集中在他的身上,七双手都恨不得给他助一把力,七颗心都和他不怕牺牲争取胜利的信念连在一起!

他已接近了碉堡的枪眼。突然,碉堡里飞出一块砖头砸在他的头上。他眼前一黑,只觉得天旋地转。身子一晃,整个身子贴到了梯子上。

"任常伦,快扔手榴弹!"他听到战友们的呼唤,连忙抽出手榴弹,吃力地塞进枪眼。塞完,他一头栽下梯子,昏了过去。

八路军山东纵队

八路军山东纵队攻克诸城

抗日军民拔下日军据点

手榴弹在碉堡内开了花,炸得敌人鬼哭狼嚎。战友们乘机冲进碉堡,全歼守敌一个排。

1942年11月中旬,日军与伪军2万余人,对胶东抗日根据地实行拉网式包围"扫荡"。部队投入了艰苦的反"扫荡"作战。一天晚上,连长命任常伦前去侦察部队突围方向。他机智勇敢地摸到敌人在包围圈设置的火堆前沿,用手榴弹砸死一个巡逻的伪军,抓获另一个巡逻的伪军,部队根据俘虏供出的情况,顺利安全地突出重围。

1943年10月,任常伦所在的二营奉命深入鲁南开辟滨海区抗日根据地。部队在诸城县与汉奸司令李永平打了三仗,连战皆捷。首战石门,继战近枝,三战插崖,已经成为班长的任常伦仗仗都表现得英勇顽强,特别是第二仗近枝战斗尤为突出。

近枝是李永平的重要据点,工事坚固,驻有重兵把守。二营和滨海十三团接受了攻打近枝的战斗任务。

二营分工爆炸敌人两座碉堡,任务分配给了五连。我军炸药不足,仅有30斤。如果平均使用,势必两座碉堡全炸不掉。营部考虑五连爆破技术高,经验丰富,所以只分给五连五斤炸药。

五连连长刘志金深感任务艰巨,考虑再三,最后决定把爆破任务交给任常伦担任班长的一班。他接受任务后,立即召集全班战士开"诸葛亮会",集思广益,群策群力。商量的结果是:把炸药投进碉堡的枪眼里。

战斗打响后两个小时,部队就扫清了敌人的外围据点,把敌人压缩到两个大碉堡里。任常伦率领一班战士冲到了碉堡的壕沟外边。此刻,碉堡上下,敌人的机枪和步枪子弹雨点般地扫射过来,壕沟内外,硝烟弥漫,令人窒息。

在兄弟班战友火力掩护下,一班冒着敌人的枪林弹雨架起了通过壕沟的便桥,迅速竖起攀登碉堡的梯子,梯子一放稳,副班长王凤云就扛着炸药包攀了上去。由于敌人火力太猛,几个战友中弹倒下了,王凤

八路军一一五师司令部旧址（山东省莒南县大店镇）

八路军一一五师纪念馆

八路军一一五师使用过的武器

《八路军山东纵队史》2007年1月山东人民出版社出版

云壮烈牺牲了。

面对凶残的敌人，看看牺牲的战友，任常伦火冒三丈，一跃身冲过敌人的火力封锁区，迅速向碉堡里甩进一颗手榴弹，从王风云身旁抓起炸药包，"噌"的一声点燃导火索，飞身跃上梯子。导火索"嗤啦嗤啦"冒着白烟。这时，碉堡里的敌人被这气壮山河的举动吓傻了眼，在他们还没反应过来的时候，任常伦已把炸药包扔了进去。

一声巨响，碉堡炸开了一个大窟窿。碉堡里剩下的敌人吓破了胆，在一班的政治攻势之下，哀告着"别……别再扔炸药啦"，全部缴械投降了。

任常伦常说："为了党和人民的利益，该流血的时候就毫不顾惜地去流血！"每次战斗受伤，他都不皱眉，不畏惧，沉着冷静，坚持战斗。

舍身抢救战友 谦逊面对战功

任常伦不仅作战勇敢,而且还能团结同志,关心战友。连队编班,战友们都愿和他编在一个班里,战时划分战斗小组,战友们更愿同他划在一起。战友们都说,他关心别人胜过关心自己。

1941年冬天的一个夜晚,任常伦所在的五连奉命攻打小栾家据点。

战斗打响后不久,由于敌情发生变化,营部决定,迅速撤出战斗。撤离战场后,一清点人数,发现少了掩护撤退的三班长史德明。

原来,史德明在掩护战友撤退时,大腿受了重伤。一排长、二班长和三班的一个战士先后前去营救,都挂了彩,不得不退了下来。部队急待撤退,战友尚未救下,情况十分危急。

"我去!"任常伦自告奋勇。他把步枪和子弹袋交给班长,尔后猫着腰冒着敌人的炮火,朝史德明负伤的地方冲了过去。

敌人碉堡跟前燃烧着一堆大火,外面的鹿砦也点着一个大火口,史德明就躺在中间。任常伦冲到鹿砦时,立即卧倒,迅速把火堆向旁边移动了一下,匍匐前进到史德明身边,轻声对史德明说:"三班长,我来拉你!"史德明考虑到自己伤势太重,又怕任常伦和排长他们一样,再为自己流血,便说:"你快走吧,别为我再流血了!"任常伦果断地回答:"我不能把你丢给敌人,别说流血,就是牺牲了也要把你拉回去。"他说着,立即解下一只裹腿,捆在史德明腰上。爬着拉了一步,裹腿断了,他爬回去,又把另一只裹腿解下合绑在一起,才缓缓地爬着把史德明拉到鹿砦外,然后背着史德明赶上了部队。

参军后,任常伦先后参加大小战斗120余次,曾9次负伤,每次都是轻伤不下火线,重伤不叫苦,一直坚持战斗到底。

1944年8月,任常伦任副排长,出席了山东军区战斗英雄代表大会,被选为主席团成员,并荣获山东军区"一等战斗英雄"称号。

会上，军区首长作了关于抗战大好形势和今后任务的报告，许多英雄介绍了他们为打败日寇而不怕流血牺牲的英雄事迹，任常伦激动万分。代表大会虽然为期很短，但却使任常伦在成长的旅途上迈开了新的一步。会议期间，记者多次采访他，要给他登报，每次访问，他总是谦逊地笑一笑说："比起别的英雄，我做得还不够，还是多写写别人吧。我只觉得想起毛主席，想起党，想起穷人受的苦，就什么也能豁上了！"

连刺五日寇　血洒长沙堡

山东军区战斗英雄代表大会刚刚结束，日伪军纠集1600多人，开始了对我牙山根据地的"扫荡"。

任常伦日夜兼程，长途跋涉七百里赶回部队。此时，他已负伤九次，肩膀里还嵌着敌人的弹片，体力还没有完全恢复。

赶回部队后，部队首长考虑到任常伦身体状况，打算不让他参加这次反"扫荡"战斗，安排他休息几天，做好准备，等战斗结束后，给部队报告山东军区战斗英雄代表大会的盛况。可他坚决要求上前线："不要我打仗，我受不了！我不能眼睁睁看着鬼子横行霸道！报告，可以一边打仗一

任常伦牺牲地——埠西头村

任常伦烈士墓

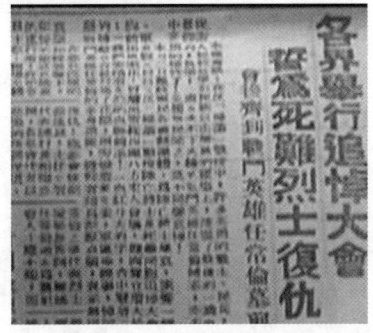

1944年12月，胶东区委机关报《大众日报》报道了任常伦追悼会和他的英雄事迹。

边准备。"在他再三要求下,首长批准了他的请求。

11月17日,阻击700多名日军进攻根据地的海阳长沙堡战斗打响了。我十四团在海阳县长沙堡布下口袋阵,准备围歼敌人。

耀武扬威的鬼子钻入我口袋阵后,连续遭到我四营和一营猛烈炮火的打击,乱了阵脚,活像一群被捅了窝的黄蜂。经过指挥官一番纠集,便在小钢炮、掷弹筒掩护下,开始疯狂地突围。

任常伦带领九班,坚守埠西头村在前沿阵地的一个高地上。九班战士,在任常伦的带领下,连续两次击退了敌人凶猛的进攻。

突然,几十个鬼子抢占了制高点左侧的另一个小高地,插起膏药旗子,架起机关枪,严重地威胁着团指挥部和兄弟排阵地的安全。任常伦主动向排长请战,要求带领九班去夺取鬼子占领的小高地。

九班战士在任常伦的指挥下,一口气冲到小高地正面断崖下。

敌众我寡,只能智取,不能强攻。他首先命令两名战士正面佯攻,尔后率领其余战士沿着断崖迂回到敌人侧面,接着一个突然猛攻,顺利夺取了小高地。

敌人不甘心失败,趁我方立足未稳,反攻上来。任常伦沉着地端起大盖枪,一扣扳机打倒了指挥官,接着又连发三枪,撂倒三个鬼子。九班战士在他的带领下,斗志高昂,以一当十,英勇地抗击着十倍于我的敌人,连续打退了鬼子五次疯狂的反扑。

手榴弹用完了,子弹打光了,增援部队还没有赶到,任常伦身边只剩下5名战士,敌人的反扑又开始了,一场严峻的考验摆在面前。任常伦站起身,坚定地对战友们说:"同志们,我们没有子弹,有刺刀,人在阵地在!"

鬼子冲了上来。任常伦与战士高喊着"杀",端起凝着强烈仇恨的刺刀,冲入了敌群。一场激烈的白刃战开始了。

三个鬼子兵端着明晃晃的刺刀,从左、右、前三面来围攻任常伦。迎面的鬼子"呀——"的一声,窜到任常伦的面前,来势凶猛,朝着他的右

任常伦 (1921—1944)

肋就是一刺刀。任常伦无比沉着和勇敢，面对强敌，毫不畏惧。他用力反刺一枪，刺刀穿透了鬼子的前后胸。

常伦村

任常伦刚拔下刺刀，左右两边的鬼子已靠拢过来。左边的鬼子"呀——"的一声，刺刀直奔他的左胸而来，他机警地往后一闪，鬼子刺刀扑了个空，一头栽倒在地，任常伦飞起一脚，踢中鬼子的肋下，鬼子滚下山坡。

此刻，右边的鬼子见正面对付不了任常伦，趁机窜到任常伦的背后，任常伦听到身后的声响，猛地一个一百八十度大转身，以迅雷不及掩耳之势，用枪尖拨开鬼子的刺刀，用枪托狠狠地砸向鬼子的头部。鬼子重重地跌在地上。任常伦紧跟着一刺刀，结果了鬼子的性命。

任常伦铜像

任常伦左冲右杀，先后有五个鬼子死于他的刺刀之下。在这个大无畏的英雄面前，那些号称有"武士道"精神的日本鬼子丧了胆，只要同他一照面，便掉头逃跑。

五班增援上来了，鬼子乱成一团，丢下几十具尸体，狼狈逃窜。

《战斗英雄任常伦》连环画封面

当天傍晚，鬼子发起了对小高地的最后一次反扑。任常伦正满怀信心准备和战友们一起消灭敌人时，不幸，一颗子弹打中了他的头部。

五班长赶紧扑过去，连声呼唤："副

排长！副排长！"任常伦吃力地说："五班长，别管我。守住阵地要紧，守住阵地就是胜利！"

"为副排长报仇！"顿时，呐喊声像滚雷，撼天震地……战友们义愤填膺，怒不可遏。当鬼子冲到阵地前沿时，战士们个个如下山的猛虎，一齐扑向了敌人。

在一排猛烈的手榴弹和子弹之后，鬼子们狼狈逃窜了。

初夜，总攻开始了！十四团以排山倒海之势，从四面八方扑向鬼子……鬼子扔下了258具尸体，惨败而逃。可是任常伦这个身经百战的一等战斗英雄，却因伤势过重，流血过多，未及医治就停止了呼吸，年仅23岁。

任常伦牺牲后，许世友司令员亲自主持了追悼会。任常伦下葬时，一名村民主动捐献出自己的寿材，许世友司令员脱下自己的外衣，盖在英雄身上。

当年给英雄铸铜像时，孙胡庄家家户户都行动起来，有的捐铜盆，有的献铜锁，有的把衣柜的铜饰抠了下来……如今这座铜像矗立在胶东抗日革命烈士陵园的英灵山上。

为了纪念英雄，任常伦所在的五旅十四团一营五连被命名为"常伦连"，英雄的牺牲日(11月17日)被定为建连纪念日。1945年2月，黄县人民政府决定，将任常伦的家乡孙胡庄改名为"常伦庄"。英雄生前亲自从鬼子手里夺下的、并用它立下卓越战功的三八大盖枪，新中国成立后被陈列在中国人民革命军事博物馆。

关向应
(1902-1946)

荣　　　誉：我军高级将领
出　生　地：辽宁省金县(今大连市金州区)
民　　　族：满族
诞　　　辰：1902年9月10日
逝世纪念日：1946年7月21日
逝世年龄：44岁

关向应，原名关致祥，曾用名李仕真、郑勤。满族，姓瓜而佳氏。1902年9月10日生于辽宁省金县大关家村。父母务农，终年辛劳不得温饱。关向应兄妹五人，他排行老大。

1912年2月，关向应入私塾读书，后转入亮甲店普通学堂。1918年4月，关向应考入普兰店公学堂，他除了攻读规定的课程外，还特别喜欢

关向应故居外景（辽宁省大连市金州区向应镇关家村大官屯）

关向应故居

少年时期的关向应

阅读《儿女兴唐传》、《三国演义》、《列国志》、《水浒传》、《西游记》等历史和武侠小说。他被书中那些豪杰们除暴济贫的英雄行为所感动、所吸引。

寻求真理　踏上征程

1920年4月，关向应考入大连伏见台公学堂商科学习，开始接触新思想，积极参加反日爱国运动。

1922年3月，关向应从商科毕业，被分配在日华兴业株式会社，只干几个月就辞职了。他宁愿回家帮助父亲种地，也不愿为日本帝国主义直接服务。金县亮甲店镇事务会公长、汉奸地主巴树声托人聘请关向应到事务会当书记。他斩钉截铁地说："给日本人做事，我不干！"他耐心地劝导父亲："钱是重要的，可并不神圣，不能为了钱，昧着良心当奴隶。"

1922年夏秋之交，关向应托人在大连《泰东日报》社找到工作。一天，关向应在《泰东日报》上看到了一篇介绍列宁和十月革命的文章，使他豁然开朗，认识到十月革命的意义。他懂得了：要救国救民，必须走俄国人的道路。为了宣传革命道理，唤起工农，关向应和几个进步青年在报社后院办起了"工人夜校"，用广东传来的

《工人丛书》当课本，冒着杀头的危险给三十多个工人当教员。

1923年冬，中共中央先后派李震瀛、陈为人等到东北地区宣传马列主义和指导工人运动。他们结识了关向应等进步青年，说明了党的纲领和路线，鼓励他们积极参加革命斗争。关向应认真阅读了李、陈带来的《向导》、《新青年》等书刊，进一步奠定了共产主义思想基础，从此，他自觉地进行秘密的革命活动，宣传革命思想。

1924年2月，李震瀛等第二次来大连，首先介绍关向应加入中国社会主义青年团，并动员他去上海参加革命工作，他欣然接受。告别了父母、同学和好友，关向应踏上了革命的征程。

同年5月，关向应入上海大学。同年底，赴苏联入莫斯科东方劳动者共产主义大学。1925年1月，经陈乔年等介绍，加入中国共产党。

山东团组织的中流砥柱

1925年，五卅运动后，关向应回国在上海从事工人运动和共青团工作。9月，关向应以团中央特派员的身份来到济南，改组了团济南地方临时执行委员会，关向应任书记。由于关向应等人的努力工作，济南地区的团组织很快得到恢复和发展。11月23日，关向应由济南到青岛工作，化名郑勤。重新组建团青岛地委，关向应任书记。经过以他为首的团青岛地委等同志的紧张工作，不久，团员由21人发展到64人。1926年11月，关向应任团山东区委书记。

当北伐军攻克武汉以后，以关向应为首的团山东区委配合中共山东地委，动员全省数百名团员、青年先后去广州或武汉投考军校，参加北伐。

1927年2月，关向应告别了他的"第二故乡"，离开了山东，奉命回上海。关向应在山东工作颇多建树，是这一时期山东团组织的中流砥柱。

1929年关向应与夫人秦缦云在上海

关向应严格要求妻子

关向应对家属始终是高标准，严要求，从不搞特殊。

1931年，关向应的第一任妻子秦缦云在他入狱期间，没有服从党组织调其到河南工作的命令。关向应出狱后得知此事，不为个人私情而袒护妻子，对她提出严厉的批评："党员要服从组织分配。这件事，你应该向中央写一份检讨书。"他还以向忠发生活上奢侈腐化导致被捕叛变的后果教育妻子："这正是我们为什么要严格要求自己的原因。一个共产党员无论在任何环境下，都要时刻保持着艰苦的生活。"

关向应的第二任妻子马丹一到一二零师师部，关向应就嘱咐她，要尊重勤务员和警务员，自己能做的事就自己做，不要使唤他们，要注意影响。马丹后来被分配到离师部较远的兴县工作，他对马丹说："我是最反对夫荣妻贵的封建思想的，你不要有任何特殊，要凭自己的能力取得应有的待遇。"马丹每次都是带着打狼棍往返于师部和兴县，从未借过关向应的光。

1927年5月，关向应出席了共青团第四次全国代表大会，被选为大会主席团成员。会后被派往中共河南省委工作，不久到上海共青团中央组织部工作。

1928年6月，关向应出席在莫斯科召开的党的六大，当选为中央委员、中央政治局候补委员。会后任共青团中央委员会书记。

1929年起，先后任中央军委委员、常委、中央军事部副部长，以及中央政治局委员、长江局军委书记。

1931年，关向应曾不幸被捕。他忍受着敌人的严刑拷打，在囚牢中、法庭上，威武不屈，始终保持共产党人的坚定立场和革命气节。党中央派陈赓同志设法营救，使其脱离羁绊。

长征途中　亲自"殿后"

1932年1月，关向应任中共中央湘鄂西分局委员、湘鄂西军事委员会主席、红三军政委。与贺龙一起领导了湘鄂西革命根据地建设和红军的发展。

1934年，由于中央革命根据地第五次反"围剿"失败，他和贺龙领导红三军离开湘鄂西根据地，艰苦转战，策应中央红军的战略转移，并创建了黔东革命根据地。

10月，红三军和由任弼时、萧克、王震等率领的红六军团在黔东的木黄胜利会师。经中央军委批准，红三军恢复红二军团番号，贺龙任军团长，任弼时任政委，关向应任副政委。此后，红二、六军团携手在黔东根据地的基础上，恢复和创建了湘鄂川黔革命根据地。

1935年2月，红二、六军团粉碎了超越我十数倍敌人的六路"围剿"，有力地配合了中央红军的长征。

9月，蒋介石调集130个团向湘鄂川黔革命根据地发动新的"围剿"，形势非常严峻。11月19日，为争取主动，关向应同任弼时、贺龙、萧克、王震等率领红二、六军团，从桑植出发，开始战略转移，踏上长征路。

1936年7月，红二、六军团渡过金沙江，越过大雪山，历尽艰辛，与红四方面军在甘孜会师。红二、六军团按中共中央指令，合编为红二方面军，贺龙任总指挥，任弼时任政治委员，萧克任副总指挥，关向应任副政治委员。

会师后，关向应与朱德、刘伯承、任弼时、贺龙等，坚决抵制了张国焘的错误活动和主张，为红二、红四方面军共同北上，同中央和红一方面军会师作出了贡献。

长征途中，关向应亲自"殿后"，指挥

红军时期的关向应

关向应(后排左)与贺龙(后排右)、王震(前排右)、周士第(前排左)。

红二军团(该军团部统一指挥红2、6军团)军团长贺龙(左)、政治委员任弼时(右)、副政治委员关向应(中)

朱德（中）、关向应（右）和王震（左）在陕北合影

关向应在晋绥

1937年10月,贺龙与关向应、周士第、甘泗淇在雁门关前线观察地形

后卫部队英勇堵截追击的敌人。进入茫茫草地以后,他同战士一起吃野菜,风餐果腹,露宿泥沼。马让给伤员骑,大衣让给哨兵穿。背起牺牲者的枪,拖着疲惫的身躯,耐心地作政治鼓动工作,把身经百战的红军健儿带出了雪山草地。

1936年1月22日,红军三大主力在甘肃会宁的将台堡胜利会师了。同年12月,关向应任中央革命军事委员会委员,后任红二方面军政委。

军政兼备 "贺关"一体

全国抗战爆发后,红军主力改编为八路军。贺龙任八路军第一二零师师长,关向应任政委。他与贺龙一起领导创建晋西北抗日根据地。

1940年2月后,关向应先后任晋西北军区政委、晋绥军区和陕甘宁晋绥联防军政委、中共中央西北局委员、中共中央晋绥分局书记。

在晋西北抗日根据地,他在协助贺龙指挥作战的同时,十分重视抗日民族统一战线的工作,既注意团结一切愿意抗日的阶级、阶层和社会力量,又坚持我党在抗日民族统一战线中独立自主的原则,坚持党对统一战线和抗日武装的领导权,粉碎国民党顽固派的各种反共阴谋。同时,他还十分重视经济工作,要求各级领导深入实际,解决人民群众的衣食问题,自力更生,发展生产事业。

关向应是杰出的政治工作领导者,擅长于部队政治思想建设。从1932年到他逝世前的15年间,贺龙在各个部队担任司令员时,关向应始终同时担任政治委员。关向应崇高的党性,高尚的情操,实事求是的思想方法,艰苦朴素的作风和勇于自我批评的精神,深得贺龙的敬重。贺龙曾说,他一生遇到两个好政委,一个是周逸群,一个是关向应。

关向应同时又是卓越的高级军事指挥员。从湘鄂西苏区的历次反"围剿",到晋绥边区和冀中根据地历次反"扫荡",他始终和贺龙共同指挥战斗。正如贺龙在《哭向应》一文中所写的那样,无论在战场上、工作中,他们始终在一起"入死出生","记不出何时不在一起,何战有所分离"。他们共同指挥过许多重大战役和著名战斗,尤其是1939年4月在冀中平原进行的第一次大兵团运动战——歼敌700余人的河间齐会战斗,9月全歼日军独立第8混成旅31大队1200余人的灵寿陈庄战斗以及11月初协同晋察冀军区部队歼灭日军第2混成旅、击毙中将旅团长阿部规

1938年秋,徐海东(左二起)、贺龙、谢觉哉、罗荣桓、萧克、关向应、罗瑞卿、杨尚昆、萧劲光在延安。

关向应和聂荣臻合影

关向应、彭真、聂荣臻(左起)

1939年夏,程子华、彭真、关向应、聂荣臻(从左至右)在晋察冀边区。

1940年前后,一二〇师与晋西北领导合影。前排左起:甘泗淇、王震、关向应,第三排左起:贺龙、张宗逊、周士第、李井泉。

彭真、关向应、贺龙、王震(左起)在一起

贺龙与关向应在晋西北前线

1938年3月,120师粉碎了日军对晋西北抗日根据地的围攻,收复了岢岚等7座县城。图为359旅攻并收复宁武县城。

秀的涞源黄土岭战斗等,都是载入史册的重大胜利。

关向应和贺龙在长期革命生涯中所结成的"贺关"一体的战斗情谊,成为党内团结的楷模。

典型的书迷　军中"小鲁迅"

关向应酷爱读书,求知欲超出常人,是个典型的书迷。他把一切闲暇的时间都用来读书,把读书作为人生最必需的内容之一。孜孜不倦地读书,使他懂得了许多革命的道理,最终走上了革命的道路。

他作为党政军领导人之一所体现出的渊博的知识、深厚的理论功底、高超的领导艺术和丰富的政治经验,都是他博览群书、勇于实践的必然结果。

无论何时何地,关向应总是想方设法吮吸着知识的甘露。在敌人牢狱的半年时间里,除了敌人审训外,他把大部分时间都用来读书。当时敌人禁读革命书刊,他就设法找些古书来读。在湘鄂西苏区,红三军唯一的一部无线电台在战斗转移中丢失,部队与中央失去了联系。关向应提出"勤奋学习,大胆实践"的口号。当时,他的皮包里总是装着一些马列书籍。他和贺龙常常一起学习,相互交流,有时骑在马背上还在讨论。他们还带领红三军指战员学习理论,树立坚定的信念,研究实践中出现的重大问题,明确革命的方向,使红三军最终走出低谷。

1942年,贺龙与范续亭、王震、甘泗淇、李贞、薛明等看望病重住院的关向应。

关向应会日语和俄语。长征期间,他又坚持学习德语,目的是学好德语,将来可以读德文版的《资本论》。

到陕北和晋西北后,学习的环境和条件大为改善,他学习的劲头更加高涨。关向应非常钟爱鲁迅的作品,珍藏了许多鲁迅的著作,他常跟文化工作者交流学习体会。他关于鲁迅敢于正视现实的勇气、反映现实的深刻、热爱人民的情怀等见解,富有见地,令人折服。有人曾对邓小平同志说,没有料到关政委竟然如此精通鲁迅。邓小平风趣地回答,大惊小怪作什么?人家早已有"小鲁迅"的称号了。

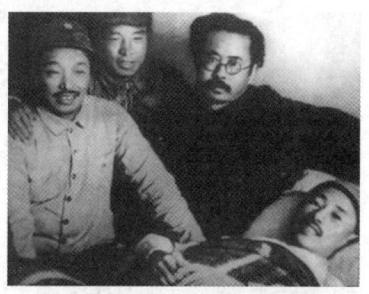

1944年,任弼时(右)、贺龙(左)、彭真(中)等在延安到医院探望关向应。

1939年,关向应总结平原游击战争经验,发表了《论冀中平原游击战争》,阐

述了在敌强我弱的条件下,开展平原作战的策略、原则、方法等思想,受到了毛泽东的称赞。

1940年,他作了《新民主主义文化在敌后建设问题》的讲话,全面阐述了文艺是革命武器的思想,提出"外为中用"、"继承传统、古为今用"、"文艺工作者要面向基层、面向群众、面向战士"等论点。他在养病期间,仍然手不释卷,读了大量的书刊。他身后只留下两大箱书籍,真正做到了生命不息,学习不止。

战斗到生命最后一刻

关向应一生勤俭朴素,刻苦自勉。他始终保持艰苦奋斗的作风,穿着一条补了又补的裤子。1935年在西康缝制的一床被子,用得破烂不堪,无法缝补,于1945年才换新的。关向应常说:要记住老百姓生产一粒米流的血汗,要记住白色恐怖年代的艰苦,要记住战士每天才吃几钱油。

关向应饱尝白色恐怖年代的艰辛,受过铁窗的酷刑,经过枪林弹雨

1946年7月21日,关向应在延安逝世。图为任弼时代表中共中央在关向应追悼大会上发表讲话。

的生死考验,历尽暴戾气候、饥饿干渴的折磨。由于长期艰苦的战争环境,关向应积劳成疾,身患肺病。1940年秋他终被重病击倒,党中央决定要他速回延安诊治,直到11月才回到延安。不久他得知敌人对晋西北进行规模空前的冬季扫荡,于是思念前方军民,使他坐卧不安。

关向应生前使用的望远镜盒

1941年初,关向应不顾病痛和医生的劝阻,毅然返回前方的山西兴县,又日夜操劳,战斗不息。一次接连开了四五天会累得吐了血,由组织上强送军区医院疗养。他虽重病在身,仍不停地阅电报、批文件,向贺师长提出各种建议,致使病情恶化大量吐血,瘦得皮包骨头。经党中央再三电催,10月初,贺龙亲自送他赴延安治疗,但他仍十分关心党的工作和部队建设。

关向应生前使用的手枪

在延安治病期间,他始终以坚强的意志和惊人的毅力,忍受着病痛的折磨,密切配合医生的治疗,坚决同病魔作斗争。

1945年,在党的七大上,关向应当选为中央委员。

关向应之墓

1946年7月21日,关向应在延安病逝,时年44岁。毛泽东主席为他亲笔题写挽词:"忠心耿耿,为党为国,向应同志不死",高度赞扬了他伟大的一生。

1946年8月1日,晋绥边区各界隆重

关向应纪念馆

开国英模

小资料

贺龙的《哭向应》

一生中最真挚的战侣,你先我永逝了,辞去了你亲手抚养的部队,辞去了千百万人民,还辞去了你的难友——"云青"。

整整15年,你我同生死,共患难。洪湖、湘鄂西、鄂豫川陕边,酷暑炎天,湘鄂边、湘鄂川黔、云贵川、甘陕、雪山草地、西安平原、踏晋绥、出河北,几万里长途征战,入死出生。无论在战场上、工作中,也不管在茅亭草舍、大厦高堂,我记不出何时不在一起,何战有所分离。而今,你我是永别了,翘首苍天,你是音容宛在,我则寝不成眠。

你的革命的一生——出身于纯正的无产阶级,参加团参加党,直到成为团、党最完备的一个领导人;你在牢狱中、战场上,艰苦备尝,顽强对敌,从没有计较过个人;你掌握着毛主席的思想与作风,高度的原则,诚挚的精神,严己宽人。

你死了,悲痛了千万人的心,我要把悲痛变成力量,我对你沉痛的纪念,就是永远以我的心血,实践你临床恳切深谈的遗言,革命完全胜利之日,就是你含笑九泉之时!

举行了追悼关向应同志的群众大会,来自四面八方的16000多人来到祭堂,向关向应遗体告别。公祭3天,赶来祭奠的军民达30000余人,人群涌塞街道。在追悼会上,关向应的亲密战友贺龙同志泪流满面,泣不成声,贺龙写下了血泪交融的悼文——《哭向应》,痛悼这位与他并肩战斗了15年的亲密战友。

新中国成立后,党和政府在大连市金州区修建了关向应纪念馆,以纪念这位红军和八路军的高级指挥员、我党我军卓越的政治工作者。

寻淮洲
(1912–1934)

荣　　　誉：红军高级将领
出　生　地：湖南省浏阳县
民　　　族：汉族
诞　　　辰：1912年8月29日
逝世纪念日：1934年12月14日
牺 牲 年 龄：22岁

　　红都瑞金，一次军事会议，红军团政委宋任穷，听说有一位年轻善战的小老乡寻淮洲，很想结识一下。会后，他来到寻淮洲的住处，望见前面走来一位挎着盒子枪的战士，步伐矫健，英武精干。宋任穷还以为他是寻淮洲的警卫员，一搭话才知道，眼前这位"警卫员"正是寻淮洲。

　　这位充满青春气息的年轻人是红军中具有传奇色彩的高级将领，他15岁参军，16岁入党，18岁便担任军长，21岁是红军军团长，人称"游击将军"。

投笔从戎上战场

1912年8月29日，寻淮洲出生在浏阳县莲溪乡黄狮塘村的一个贫苦农民家庭。他个性强毅，高小读书时就立下志向："将来与国家做些大事业。"

在1925年到1927年，大革命风暴轰轰烈烈地席卷中国大地之时，寻淮洲就参加了浏阳反日雪耻会、儿童团、学生联合会、农民协会和浏阳工农义勇队。1927年初，高小毕业后，时年15岁的寻淮洲加入了中国共产主义青年团，成为浏阳县闻名的少年。

1927年南昌起义失败后，寻淮洲跟随浏阳工农义勇队参加了毛泽东领导的秋收起义。起义的队伍中，寻淮洲虽然只是普通一员，但是在战斗中，他无比勇敢，夺得了敌人一挺机枪，因此升为班长。后来他跟随起义部队经过多次战斗后，进军井冈山，并参加了开辟井冈山革命根据地的斗争。1928年，年仅16岁的寻淮洲，光荣地加入了中国共产党。

在支援毛泽东领导的工农革命军和朱德、陈毅领导的南昌起义部队会师的战斗中，寻淮洲表现非常出色，战后升为连长。

为了打破湘赣之敌对井冈山根据地的封锁，毛泽东决定在巩固井冈山的同时，开辟新的革命根据地，随后部署红四军主力向赣南一带进

井冈山革命博物馆（茨坪）

现井冈山市政府所在地茨坪

军,寻淮洲随队伍出征。在到达赣南瑞金的时候,围追的敌人赶了上来,于是部队和敌人展开了激战。战斗中,寻淮洲左臂负伤,他顾不上包扎,忍着剧痛继续在前线指挥部队,子弹打光了,就用树枝、石头当武器,战斗整整持续了一天一夜,歼灭敌军800余人。

此后,寻淮洲跟随红四军驰骋疆场,并开辟出赣南、闽西革命根据地。在巩固根据地和历次反围剿中,寻淮洲英勇善战、足智多谋,整建制地歼灭了敌军几个师的兵力。

单枪匹马夺枪记

1929年,刚过了春节,红军部队在遂川休整。一天,部队得到一条情报,说距离遂川城约15公里的地方,有一个卢姓土豪,他家里有10条枪,这对于异常缺乏武器装备的红军来说很有价值。但是卢家有众多的家丁护院,不远处还驻扎着国民党正规军。如何获得这宝贵的10条枪呢?团长请示了毛委员后,决定派寻淮洲带20人去把卢姓土豪家的10条枪夺过来。

接到这个特殊任务后,寻淮洲很兴奋,他思索片刻后,对团长说:"请首长放心,我保证完成任务。"接着,他话锋一转:"那个土豪家离我们这里有几十里地,去20个人,行动不便于隐蔽;加之他那里家丁多,还有国民党的正规军,因此我们只能智取,不能硬拼。因此,我建议只派我一个人去即可!到时候,我装扮成放牛娃,很难引起敌人怀疑,我保证把枪一条不少地搞回来!"

团长听罢,觉得寻淮洲说得在理,便同意了他的建议。因为寻淮洲孤身前往虎穴取枪,所以团长在出发前,对他千叮咛万嘱咐,要他小心仔细。这天下午,寻淮洲穿上从老乡那里借来的一身放牛娃穿的破衣服,带着一条麻绳、一个杀猪用的铁钩子、两支驳壳枪和两枚手榴弹,冒着寒风,顶着大雪启程了。

毛泽东、朱德检阅红军（蜡像）

　　大家想到寻淮洲一个人独闯卢宅，困难重重，都为他捏了一把汗。但是出人意料的，第二天一大早，大家刚起床，就看见寻淮洲满头大汗地扛着10条枪回来了，而且没费一枪一弹，自己也毫发无损。团长得知寻淮洲胜利归来的消息后非常高兴，他一边派人向毛委员报告，一边来看望寻淮洲。他夸赞寻淮洲干得漂亮，还说："'小参谋'，好样的，不愧是'飞毛腿'。"

　　不一会儿，毛委员来了。寻淮洲向毛委员汇报了他夺枪的经过。他深夜时分进入卢宅，家丁都已睡熟，只有卢土豪和小老婆在吃夜宵。他迅速考虑后，决定先控制住卢土豪。寻淮洲悄悄摸进屋，用枪顶住卢土豪的脑袋，卢土豪弄清寻淮洲的意图后，千方百计不想交出来，他先是推说没有枪，接着又说亲自去取。但他的心思逃不过寻淮洲的眼睛。寻淮洲马上让他老实点，同时告诉他自己带来了3个排的人，只要枪声一响，立刻就会冲进来杀死他的全家。卢土豪一看毫无办法，只好让他的小老婆叫醒家丁，把枪乖乖地送到寻淮洲的面前。寻淮洲扛着缴获的10条枪，命令卢土豪把自己送出村，临走时，他还故意像下命令似地说："一、二、三排，跟我撤。"就这样，寻淮洲不费一枪一弹，就漂亮地完成了任务。

　　毛委员听完后，高兴地拍着寻淮洲的肩膀说："我看你这个'小参谋'应该改一改称呼了,应该叫你'小英雄'才对啊！干得漂亮！干得漂亮！"第二天,根据毛委员的指示,遂川城里的红军全体集合,听寻淮洲给大家讲述他孤胆夺枪的故事。最后,毛委员亲自走上讲台,充分肯定了寻淮洲的英勇行为,他还号召全体指战员都要向寻淮洲学习,勤奋学习,英勇杀敌。

龙岗活捉张辉瓒

　　寻淮洲在战斗中逐渐成长起来,很快成为红军中的青年指挥员,先后担任了工农红军第四军排长、连长,红一军团第十二军三十四师营长、团长。

　　1930年10月,蒋介石亲自在汉口主持召开了湘鄂赣三省的"剿匪"会议,委任鲁涤平为南昌行营主任,第十八师师长张辉瓒为前线总指挥,调动10万大军,限期剿灭江西境内的红军。这是国民党反动派对我中央革命根据地发动的第一次"围剿"。

　　面对强大的敌人,红一方面军总前委通过对敌情的分析,决定实施"诱敌深入"的作战方针：退出吉安城,向吉安县的东固和宁都的黄陂、小布一带进军,把敌人引入到赣西南苏区的崇山峻岭中,然后再集中优势兵力,各个击破。

　　1930年11月,寻淮洲率红三十四师第一零零团参加中央革命根据地第一次反"围剿"作战,此时,他已经升任团长,这次的战斗任务是坚守龙岗主峰。

　　张辉瓒率部深入苏区腹地,已是疲惫不堪。但张辉瓒因深得鲁涤平和蒋介石的赏识,又把18师自誉为"铁军师",所以仍然野心勃勃,扬言要立头功。同时进攻的还有3个师,分头朝苏区扑来。毛泽东决定,先集中优势兵力消灭18师,挫其锐气。12月28日,张辉瓒部队向永丰龙冈方向推进。红一方面军经过周密部署,于30日开始了围歼敌人的战斗。

寻淮洲指挥部队坚守龙冈万功山主峰，打退敌人18次进攻，保障了整个反"围剿"作战顺利进行。"万木霜天红烂漫，天兵怒气冲霄汉。雾满龙冈千嶂暗，齐声唤，前头捉了张辉瓒。"这是毛泽东描述苏区军民取得第一次反"围剿"胜利的诗句。其中活捉了张辉瓒的"天兵"就是坚守在龙岗的寻淮洲部。

红军搜捕残敌、打扫战场时，在一棵大枫树旁，捡到了一件胸口写着"张辉瓒"的毛皮大衣，战士们兴奋地说："大衣在这里，人就跑不远。"离枫树不远，有一个杂草掩盖着的土洞，战士拨开一看，有一个人缩在里面，战士们拉住那人的腿，把他拖出来，这人就是张辉瓒。活捉张辉瓒，敲响了国民党反动派第一次"围剿"的丧钟。

青年将领居翘楚

寻淮洲在率部参加第一次反"围剿"作战中，因为指挥果断，作战有功，受到毛泽东的称赞，随后即被任命为红十二军第三十五师师长。随后，他率部参加了中央革命根据地的第二、三次反"围剿"，屡建战功。

1932年3月寻淮洲任红一军团第十五军四十五师师长，12月任红二十一军军长。

1933年，在第四次反"围剿"作战中，寻淮洲率部牵制国民党军几个师的兵力，保证了红一方面军主力取得黄陂、东陂两个战役的胜利，荣获中央军委特别嘉奖。黄陂战斗中，他率红二十一军插入敌后，切断国民党军第52师退路，为全歼该师创造了条件。

同年7月，红二十一军与红七军改编为红三军团第五师，他任师长。根据党中央指示，红三军团四师、五师和红五军团三十四师组成东方军，执行收复闽西连城、新泉苏区和开辟闽北新苏区的任务。他率红五师从江西广昌头陂地区出发，向福建进军，入闽作战几个月，连战告捷。

1933年10月，年仅21岁的寻淮洲被任命为红七军团军团长，是红一方面军中年轻有为的青年将领。随即，红七军团奉命再次入闽作战，他率部取得重大战役的胜利，为第5次反"围剿"作出了贡献。当年红七军团团部的护士，一名老战士回忆说，因为寻淮洲是从赣东北（闽浙赣）苏区调到中央苏区，他一直在白区工作，所以他习惯了白区，善于打运动战。寻淮洲虽然年轻，却已身经百战，并以擅长游击战著称。

1934年1月，寻淮洲当选中华苏维埃共和国中央执行委员。寻淮洲虽是红军高级指挥员，却始终保持着普通士兵的本色。他总是把坐骑让给伤病员，自己则穿着草鞋、打着绑腿和战士们一起行军打仗。正因为如此，不熟悉他的人很难从战士中找出这位年轻而又英勇善战的红军将领。

以身殉国留英名

1934年4月，在"左"倾教条主义错误领导者指挥的广昌战役中，寻淮洲奉命率部配合主力红军作战。尽管红军指战员艰难奋战，浴血牺牲，歼灭了大量敌人，取得了一些战斗的胜利。但是，仍然无法打破

小故事
红军北上抗日先遣队的由来

1934年末，中央红军在进行长征的同时，还有一支红军部队也在进行着艰苦的转战，所留下的故事可歌可泣。

在中央红军长征的前夕，以李德、博古、周恩来组成的中央最高"三人团"进行了周密的策划。为了做到声东击西，使红军主力能安全转移，"三人团"决定派出一支部队率先东征，以吸引国民党军的注意力。当时中央红军共辖有7个军团10万部队。其中红一、红三、红五、红九军团是主力部队，战斗力强，不宜分散；红八军团为新组建，战斗力较差；而湘赣苏区的红六军团又担负了先行西征探路的任务。这样，东征的任务交给了年轻的红七军团，这就是"红军北上抗日先遣队"。

红军北上抗日先遣队休憩过的安徽休宁拱北廊桥

国民党军的"围剿",部队处处被动,损失惨重。

同年7月,红七军团奉命由闽西返回瑞金,组成中国工农红军北上抗日先遣队,有着丰富游击作战经验的寻淮洲任军团长兼抗日先遣队总指挥。在4个月时间里,他指挥部队"不辞一切艰难,以最大的决心",挺进闽、浙、赣、皖诸省敌人心腹地区,行程1600多公里。红七军团沿途开展群众工作,宣传我党抗日救国主张,支援皖南暴动,开辟新的根据地。并牵制了大量国民党军,击退其无数次的围追堵截,有力地策应了中央红军的战略转移,并且还给沿途各游击区留下了一千多名军事骨干。

近4个月后,红七军团终于进入了方志敏等人建立的闽浙赣苏区。可是"左"倾错误领导者却指责他"染上了机会主义"、"执行退却逃跑路线",没有完成任务,11月4日,红十军与已经减员一半的红七军团合并为红十军团,寻淮洲被降职为红十军团第十九师师长。他忍辱负重,不计得失,奉令先行出击浙皖边,继续率部英勇作战,连连取胜。

11月18日,寻淮洲率第十九师从怀玉山和德兴东北通过敌封锁线,向浙皖赣边进发,在击溃尾追的国民党浙江保安纵队两个团后,又击溃国民党王牌军王耀武旅。经上坊镇,渡新安江,进军安徽。这一阶段,寻淮洲率红十九师独立行动,从红军所面临的实际情况出发,在广大地区内机动作战,主动灵活打击敌人。对于寻淮洲率领红十九师这一时期的行动,粟裕后来在他的回忆录中作了充分的肯定,称"表现出了他的卓越的军事指挥才能"。

12月6日,红十九师攻克旌德县城,接着北上。抗日先遣队的军威,震骇了国民党长江南岸重要城市芜湖,也惊吓了蒋氏政权的中心南京。因而,国民党军拼命追堵先遣队北上。蒋介石调集重兵,分4路"围剿"红十军团,并派飞机侦察轰炸。

隆冬时节,寻淮洲的部队和阻截之敌在皖南遭遇,国民党调集近10万兵力,双方展开了激战,12月14日,激战发生在皖南黄山东麓的太平县(今安徽黄山市黄山区)谭家桥。军团指挥部拒绝寻淮洲提出的建议，坚持了错误的战术部署，把一场伏击歼灭战打成了遭遇战，他被迫指挥部队面对数倍于己之敌。14日，为了抢夺凤凰源谷口的乌泥关制高点，他身为高级指挥员，亲自率一个连冲锋。由于身先士卒，暴露在敌人火力之下，不幸腹部中弹。更令人惋惜的是，重伤的寻淮洲在被送往茂林的途中，因山路颠簸从担架上摔了下来，导致失血过多，于第二天牺牲。这一年，寻淮洲仅22岁。

茂林的人民群众与红军游击队一起，将寻淮洲遗体葬于茂林附近的蚂蚁山上。想不到，第三天国民党军第79师，即进驻茂林。当他们在蚂蚁山上找着寻淮洲墓时，疯狂地掘墓砸棺，又无比残忍地割下寻淮洲头颅，用布和石灰包裹着去向上邀功请奖。悲痛中的红军游击队又和人民群众一起，冒着生命危险，趁夜将烈士遗骸

小故事

激战乌泥关

　　争夺乌泥关高地的战斗打得很惨烈，国民党军用迫击炮猛烈轰击高地，然后发起一次次冲锋。坚守高地的一个连红军无险可守，伤亡很大，但仍拼死阻击。经过激战，高地最终被国民党军攻陷。寻淮洲这下急了，这个高地是全局制高点，如何能沦入敌手！他立即指挥十九师部队向高地发起反攻。国民党军的机枪火力很猛，冲上去的红军被一次次击退下来。

　　年轻气盛的寻淮洲干脆端起一挺机枪，带头发起了冲锋。战士们见师长冲上去了，齐声高喊着跟着杀了上去。寻淮洲冲上一个山坡，迅速指挥部队扩张战果。这时，一排子弹飞来，寻淮洲腹部中弹，鲜血喷涌。他咬着牙坚持指挥，直到昏迷过去。通讯员急忙将他背离战场。方志敏闻讯十分着急，命担架队将寻淮洲抬往茂林医院进行救治。

乌泥关战斗旧址

寻淮洲烈士纪念亭

暗中移葬于蚂蚁山的隐蔽处。

从寻淮洲参军15岁起,到他22岁牺牲,7年时间,可以说是身经百战。红军将士为失去一位年轻的杰出指挥员而痛惜,方志敏动情地说:"寻淮洲同志是红军中一个很好的指挥员。他指挥红七军团在两年中,打了许多有名的胜仗,缴获甚巨。他很细心学习军事学,指挥灵活,他作战勇敢,曾五次负伤。他还只有22岁,他的牺牲是红军中很大的损失。"

1938年5月,当新四军第一支队司令员陈毅途经茂林时,特意到掩埋烈士遗骨的蚂蚁山为寻淮洲烈士祭扫陵墓。他激动地说:"青山有幸埋忠骨。寻淮洲同志是红军青年将领,以游击战斗著称,毕生为革命利益、民族利益,英勇奋斗,光荣牺牲。"新中国成立后,他的陵墓被重新修建,朱德元帅亲自为他题写了碑序。

许继慎
(1901-1931)

荣　　　誉：红军高级将领
　　　　　　人民解放军36位军事家之一
出　生　地：安徽省六安县
民　　　族：汉族
诞　　　辰：1901年8月29日
逝世纪念日：1931年11月14日
牺 牲 年 龄：30岁

　　许继慎，英勇善战、才华出众、文武双全的红军将领。他于黄埔一期毕业，两次参加东征，北伐时任叶挺独立团营长。后赴鄂豫皖边区组建红一军，任军长，战功显赫；在和王明"左"倾路线斗争中，坚持真理，宁死不屈；被张国焘诬陷杀害。

黄埔猛将

许继慎故居

安徽省立第一甲种工业学校是今天安徽省汽车工业学校的前身

安徽省立第一师范学校是今天安庆第一中学的前身

许继慎，原名许绍周，字谨生。1901年出生在安徽省六安县土门店的普通农民家庭。

许继慎少年时代，正直、勇敢、聪明、活泼；在本村私塾读书时，文思敏捷，善谈、好友，得到教师的称赞和喜爱。1920年，考入安徽省立第一甲种工业学校，不久，转入省立第一师范学校。当时正值五四运动时期，他积极参加反帝反封建的革命斗争。

1921年4月，许继慎在安庆第一批加入社会主义青年团。同年6月，许继慎当选安徽省学生联合会常委兼联络部部长，参与领导爱国学生运动。

1924年5月，孙中山在中国共产党和苏联的帮助下，创立了黄埔陆军军官学校。许继慎经党的推荐，当年考入黄埔军校，为第一期学生，实现了他向往已久的投笔从戎的志愿。

许继慎在军校期间，除了刻苦学习军事科目，积极参加操练外，还努力学习革命理论，阅读了《共产党宣言》等马列主义著作。不久，在共产党员蒋先云的帮助下，政治觉悟有了显著提高，并光荣地加入了

青年军人联合会成立时合影

中国共产党。同年11月，许继慎军校毕业，留校任教，分配在新编教导团第二团担任排长。

在黄埔军校学习和工作期间，他是"青年军人联合会"的骨干和负责人之一，同国民党右派分子进行了坚决斗争。

1925年2月，许继慎参加了广东革命政府讨伐军阀陈炯明的第一次东征。在淡水战役中，他因功升为连的党代表。棉湖战役时，教导团第二团遇到敌军主力一个师兵力的顽抗，战斗非常激烈。许继慎和连长率领战士坚守前沿阵地，狠狠打击敌人，不让敌人前进一步。许继慎在这次战役中因作战勇敢，调任连长。

1925年7月，黄埔军校教导团扩编为国民革命军第一军。10月，国民革命军举行第二次东征时，许继慎调任国民革命军第一军第三师第七团少校干事、团代理党

小资料

青年军人联合会

青年军人联合会是在中共黄埔军校特别支部和军校政治部主任周恩来同志领导下，以该校教职员和学生中的共产党员为核心，并遍及全国各地军队中的革命团体。

黄埔军校于1924年6月16日正式开学。同年8月左右，黄埔一期的共产党员学生蒋先云与在粤的粤、桂、湘、滇各军军校的学生联系，酝酿"青年军人联合会"的组织，旨在以革命的黄埔学生，影响各军官学校的学生。

10月，青年军人联合会的组织已基本建立，加之黄埔二期共产党员学生周逸群等人的积极活动，在大多数的青年军人中，树立了相当的威信。

1925年2月1日，在广东大学召开青年军人联合会成立大会，会员约两千人。会后参加游行人数达五千人，旗帜蔽空，整齐严肃，盛况空前。

1926年4月15日，在当时黄埔军校校长蒋介石强行勒令下，由于党内陈独秀采取妥协政策，青年军人联合会被迫宣布解散。

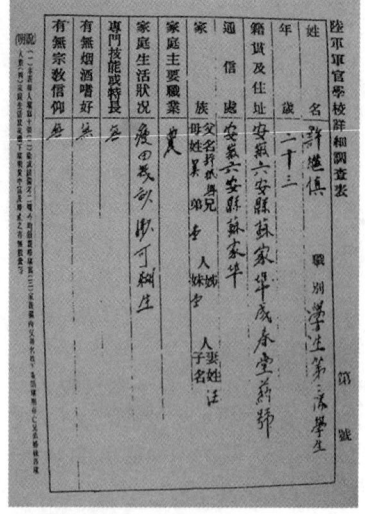
许继慎在黄埔军校的登记表

独立团接受检阅

北伐战士在武昌城下作进攻前的准备

代表。

11月中旬,在兴宁战役中,三师某团遇到陈炯明部一个师的抵抗,败退下来,团长慌张得脱去军服,骑马奔逃,他的部队也落荒四散。在这千钧一发之际,已任第七团党代表办公室少校干事的许继慎,率第七团两个连赶来增援。许继慎骑马奋力追上该团长,劝他穿上军服,重回前线。

敌军看到革命军增援部队汇集,某团长又回到前线指挥,顿时惊慌失措,终于被击溃。某团长因此次作战转败为胜,升为少将。

许继慎不但不谈战功,更缄口不讲说服某团长返回前线一事。但真相却在第七团传开,蒋先云据实向东征军总政治部主任周恩来作了汇报。周恩来在党内表扬了许继慎的机智、勇敢和谦虚。

1926年3月20日"中山舰事件"后,共产党员被迫退出第一军,许继慎被调到政治干部训练班第二中队担任队长。这个训练班的主任就是周恩来同志。

北伐两负重伤

1926年5月,由我党直接领导的国民革命军第四军叶挺独立团,作为北伐军的先遣队,从广东肇庆出师北伐,挺进湖南。

独立团在7月12日占领湖南浏阳后,党从广州派许继慎等三十多名营、连、排干部去加强独立团的工作,许继慎被任命为第二营营长,参加攻打平江、汀泗桥、贺胜桥等著名战役。

1926年8月26日,国民革命军第四军开始攻打通向武昌的交通要道汀泗桥。吴佩孚纠集了主力部队在这里死守,以大刀队督战,并用火力封锁铁路桥,两军遂成隔河对峙局面。

27日,独立团从敌人右翼,走小路,翻高山,绕到敌人背后打击敌人,敌人纷纷向咸宁城溃逃。独立团立即乘胜追击,许继慎率领第二营为前卫,走在前面。他看到敌人在咸宁城外山上和铁路桥头筑工事,来来往往,极为混乱。当时正值大水泛滥,在一片汪洋中,只有一条铁路线可以通行。许继慎立即向叶挺报告,提出一个勇猛奇袭的方案:"咸宁敌人甚为混乱,铁路线可以通过,请速令机关枪连来掩护我营过去。"

叶挺亲往观察后,当机立断,命令机关枪连掩护第二营冲锋。许继慎接到命令后,立即对全营进行了战前政治动员,说明任务的重要性,鼓励战士一直向前冲,占领对岸敌人阵地。接着,他亲自率领全营战士冒着敌人的猛烈炮火向前冲去。当冲上铁路桥时,遭到敌人交叉火力的射击,但战士们毫不畏惧,继续前进,终于占领了桥头阵地,打得敌军向贺胜桥溃退。27日上午,独立团攻下咸宁城,并乘胜向贺胜桥进击。

在攻取贺胜桥的战斗中,独立团承担桃林铺以南沿铁路东西两侧

北伐军在武昌

武昌北伐军总部(现武昌阅马场红楼)

开国英模

北伐时期的许继慎

北伐军骑兵攻入汉口

向贺胜桥攻击的战斗任务。

8月29日晚,独立团第二营和第三营分别沿着铁路东西两侧,隐蔽地向敌阵地前进,准备发起攻击。部队进至距敌人阵地仅有百余米远的地方,许继慎同连、排长一起到前沿阵地侦察敌情和进攻的路线。30日晨4时许,遭到敌军不断射击,许继慎决定提前行动,立即指挥并带领第二营全体战士向敌人发起冲锋。战士们一鼓作气冲进敌人阵地,敌人纷纷放下武器,举手投降。

独立团二、三营占领了桃林铺一带后,继续向纵深扩展,许继慎果断勇敢地带领部队向前猛攻吴佩孚的指挥阵地。此时,吴佩孚着了慌,即令其第八师进行反扑,将第二营包围,战斗异常激烈。在这紧要关头,许继慎胸部负重伤,但他仍然坚持指挥战斗,对四面之敌进行苦战。后在第一营的增援下,粉碎了敌人的包围。30日11点多,独立团占领了贺胜桥,打开了通往武汉的最后一道大门。吴佩孚仓皇乘车向武汉逃去。

1926年冬,许继慎伤愈归队,任国民革命军第二十五师第七十三团参谋长。1927年春,他被调往身兼副军长、第二十四师师长及武汉卫戍区司令的叶挺任将军部下,任七十二团团长。

1927年5月17日,夏斗寅乘国民革命军继续北伐之际发动叛乱,这时武汉驻兵极度空虚,仅有3个团,而且处于分散状态。叛军从宜昌出发,沿途未遇任何阻拦,势如破竹,直抵距武昌只有15公里的纸坊镇。

三镇震悚,武汉国民政府的领袖人物料定空城难守,携带家眷和细软,纷纷逃亡。危难时刻,叶挺赶到七十二团,找到团长许继慎、副团长廖运泽:"时间很紧迫,你们团为先头部队,立即紧急集合,投入战斗,一定要守住纸坊一线,等待增援部队上来!"

"请师长放心,七十二团保证人在阵地在!"许继慎立下军令状。

七十二团作为先头部队在许继慎的指挥下,向叛敌发动了勇猛攻击,攻占了纸坊车站和纸坊镇,与敌相持了一夜。叛军毕竟人数占优,侦知正面只有许继慎一个团后,集中三倍兵力进行反扑。双方激战一夜,第二天拂晓,叛军在巷战中步步推进,突破多处防线,七十二团团部遭到合围,形势岌岌可危。

"现在已处在生死关头,退也是死,进也是死,与敌死拼,还能杀出一条生路!大家跟我上!"许继慎手执团旗,身先士卒,率领所有的预备部队——机关枪连、特务连、步兵连和团部工作人员、勤杂人员迎着叛军攻击方向冲去。在火红的团旗引导下,数百名战士像一股奔涌咆哮的洪流,杀入敌阵,顿时把敌人包围冲散。

狭路相逢勇者胜。面对不计生死的勇士,叛军胆怯了,开始动摇,出现溃退的迹象。许继慎当机立断,命令号兵吹响冲锋号,带领官兵发起全线追击,叛军阻击部队凭借预设阵地企图以密集火力掩护溃兵撤退。许继慎在追击中两处负伤,左右肋各中一弹,鲜血将军衣染透,成了一个血人,但他仍然坚守岗位,指挥作战。

就这样,他用一个团的兵力打败了夏斗寅一个师的进攻,再次上演了以少胜多的奇迹。他像一颗冉冉升空的将星,以惊人的速度、炫目的光芒和不可抑制的活力登上军事舞台。他的同志和敌人都相信许继慎今后的军事生涯将更加辉煌。

7月,汪精卫武汉国民政府叛变后,曾以独立师师长的职位作诱饵,妄图策动许继慎叛党,被他断然拒绝。

党为了挽救革命,决定举行南昌起义。许继慎闻讯后,尽管重伤未愈，仍毅然奔赴起义前线。起义前夕，前委书记周恩来决定，负伤人员一律不参加。许继慎遵照指示乘车离开南昌，经九江转赴上海养伤。以后他一直把没有能参加南昌起义引为憾事。此后，许继慎在安徽、上海等地从事党的秘密工作。

统领鄂豫皖红军

鄂豫皖省委使用的电话

新县鄂豫皖苏区革命博物馆

新县鄂豫皖苏区革命烈士陵园

1930年春，党中央派许继慎前往鄂豫皖苏区，任中国工农红军第一军军长，领导整编鄂东北、豫东南、皖西三块根据地红军，他将三支各自为战的小股红军锻造为一支铁师劲旅，实现了鄂豫皖红军的统一领导和指挥，为红四方面军奠定了最初的基础。

在许继慎等指挥下，红一军从6月到8月，先后攻克皖西和京汉铁路南段许多城镇，毙伤俘敌军7000多人。红一军由组建时的2300多人很快发展到5000多人，战斗力大大提高，威震江淮。红一军的胜利和壮大，有力地推动了鄂豫皖根据地的巩固和扩大，许多地方相继成立了工农民主政府。

在全国红军的不断胜利、壮大和革命根据地相继发展的形势下，党中央又被李立三的"左"倾冒险错误所统治。长江总行动委员会命令红一军同红二、六军联合起来进攻武汉。

9月中旬,许继慎等率领红一军离开革命根据地,沿京汉路东侧北上,进攻中心城市。在袭击广水,进攻信阳的两次攻坚战斗中,连续失利,部队伤亡不少。许继慎鉴于这种情况,觉得继续在铁路沿线作战十分不利,敌强我弱,又远离根据地,很难取胜。他为了避免更大损失,达到消灭敌人,壮大自己的目的,没有盲目机械地执行上级的命令,死死地纠缠在京汉铁路沿线,而是从实际出发,机动灵活地指挥部队向南,返回根据地附近作战,率部先后攻克光山、罗山等城镇。

信阳光山

光山、罗山镇战役时的红一军司令部

11月,许继慎率部主动进攻,连克姚家集、黄安、谢店、新州,全歼敌军一个营和一个混成旅,从而给予正在"围剿"的敌人以迎头痛击,打乱了敌人的原定部署,为鄂豫皖根据地军民赢得了进行反"围剿"准备的时间。特别是新州一战,全歼敌军一个整旅,大大震动了武汉的敌人,揭开了第一次反"围剿"的序幕。

中共中央鄂豫皖分局旧址

12月初,许继慎率部东进皖西,许继慎采取连续奔袭,突然包围,速战速决,出奇制胜的打法,打得敌军措手不及,我军连连获胜。

12月13日,在收复金家寨战斗中,

他指挥全军全歼守敌一个营和民团土匪共千余人。第二天，他指挥部队，乘胜东进，连续奔袭。四天之内接连收复麻埠、独山、叶家集、苏家埠等地，一度包围了六安县城，威逼霍山县城。

12月底，许继慎率部对抗试图合围我军之敌，在香火岭地区给予毁灭性打击。随后，又乘胜追击，在商城四姑墩歼灭逃敌一个团，残敌夺路溃逃。至此，蒋介石对鄂豫皖根据地的第一次"围剿"被完全粉碎。

许继慎和徐向前默契配合，在一年的时间内，指挥2000余人消灭敌15000余人的正规军，创造出小蛇吞大象的军事神话，部队也扩大七倍以上。

高超的军事才能

许继慎在率领红一军驰骋于鄂豫皖边江淮河汉之间半年多的战斗中，不断总结经验，在战略战术上颇多建树。他指挥的很多战斗，都有独特的打法，以皖西的英山之战和香火岭战斗尤为突出。

1930年7月上旬的英山之战，是红一军首次南下出击的重大战役。敌韩杰旅分驻在英山县城和城北金家铺两处，兵力和我军大体相等。许继慎采取了攻点打援，把敌人驱赶出阵地，在运动中加以分割围歼的战术。他机智地选择了处于两地驻敌之间的狮子坳作为歼灭敌人的战场；在那里埋伏了拦截逃敌和阻击援敌之兵力。先对金家铺驻敌发起突然猛攻，迫使敌(一个团)逃到狮子坳，在我军两面夹击下，给予全歼；然后又迅疾围歼英山来援之敌两个团。这次战役表明，红一军已由小规模的游击战，发展到能调动大股敌人于运动中加以歼灭。

著名的香火岭战斗是红一军以少胜多，在运动中大量歼敌的一次成功的战例。

1930年12月底，许继慎、徐向前等率领的红一军收复皖西苏区后，皖西、豫南的敌军一个师和三个旅又组织对红一军新的合围。许继慎等鉴于敌强我弱,决定主动撤离城镇,诱敌深入,相继在运动中集中优势兵力,将敌人各个歼灭。29日,敌军分三路向红一军军部驻地麻埠围来。许继慎等随即布置兵力,在麻埠以东的东、西香火岭(今金家寨的鲜花岭)埋伏,于30日将来犯之敌分割包围。经过一天激战,全歼敌人三个团,击溃两个团,毙俘敌团长以下3000余人。这次战斗的胜利,充分表现了许继慎的军事才能,为我军创造了诱敌深入、集中兵力、各个击破、变劣势为优势、变防御为进攻、以少胜多、战胜强大之敌的宝贵经验。

西香火岭(今金家寨的鲜花岭)

1931年1月中旬,红一军和红十五军在商南的长竹园会师,合编为中国工农红军第四军。由党中央派来邝继勋任军长,余笃三任政治委员。许继慎改任红四军第十一师师长。

许继慎没有因为职务的变动,减弱革命的责任心,降低工作的积极性。他始终以革命为重,积极贯彻特委的正确作战方针。3月下旬,许继慎、周维炯率领第十一师向信阳以南方向出击,在全军首先采用"飘忽战略"。

许继慎烈士塑像

3月1日,获悉敌人兵车一列向信阳南开,许继慎派三十三团深夜奔袭占领李家寨车站,将车站所有人员控制起来,拆除站南路轨,布置了伏兵。2日清晨,敌军

兵车刚一进站,红军突然发动猛攻。敌军一个旅未及还手就被全歼,旅长侯镇华当场被击毙。接着许继慎师和蔡申熙率领的第十师协同,对进驻双桥镇地区的敌军岳维峻师实施突然奔袭包围,全歼该师,并活捉了敌师长岳维峻,这是鄂豫皖红军首次全歼国民党军一个师的胜利。这两次胜利,对粉碎蒋介石的第二次"围剿"起了决定性作用,赢得了红军的迅猛发展与鄂豫皖苏区的巩固和扩大。

碧血悲歌

1931年5月12日,极力推行"左"倾路线的张国焘在新集召开特委会议,宣布撤销鄂豫皖特委,成立中共鄂豫皖中央分局和新的军事委员会,由他担任分局书记兼军委主席;同时又改组了红四军的领导机构,许继慎改任第十二师师长兼新增设的鄂豫皖军委会皖西分会主席。期间,他坚决反对张国焘提出的远离苏区、冒险进攻的错误军事行动

许继慎烈士塑像

方针。

　　1931年11月，许继慎被张国焘诬以"改组派"、"第三党"、"反革命"等罪名杀害于河南省光山县新集白雀园，年仅30岁。

　　许继慎生前蒙受的不白之冤，于1945年中共"七大"得到了平反昭雪，恢复了名誉，恢复了党籍，并被追认为革命烈士，名列烈士名册第一名。

　　许继慎既具有过人的才华，又始终坚持正道直行。由于这样的品行，他获得了人们的称赞。1975年，周恩来充满深情地回忆许继慎，称赞他"政治上很强，很能打仗，把叶挺独立团的战斗作风带到了红四方面军"；徐向前称颂他为鄂豫皖红军作出了突出的贡献。同样是由于这种品行，他得罪了张国焘，备受打击与诬蔑，最后罹难。

　　1989年11月29日，许继慎被中央军委确认为33位（后增至36位）中国人民解放军军事家之一。

纪念邮戳

今日的白雀园

许继慎烈士塑像（局部）

阮啸仙
(1897–1935)

荣　　　誉：农民运动先驱
　　　　　　　人民审计制度的奠基人
出　生　地：广东省河源县
民　　　族：汉族
诞　　　辰：1897 年 8 月 17 日
逝世纪念日：1935 年 3 月 6 日
牺 牲 年 龄：38 岁

　　在滔滔的东江之畔,景致优雅的河源市烈士陵园内,一座用汉白玉雕刻成的烈士塑像,高高地耸立在青松翠柏之中。

　　这位烈士,就是中国共产党早期的党员之一,广东青年运动的先驱,大革命时期著名的农民运动领袖,我党第一任中央审计委员会主任阮啸仙。1935 年 3 月 6 日,他在赣粤边交界的峻岭大山里指挥中共赣南省军民突破敌军重围时,不幸中弹壮烈牺牲!

青年先锋

阮啸仙名熙朝,字瑞宗,别号晁曦。1897年8月17日,出生在广东省河源县义合区下屯村。其父阮德如,育五子,阮啸仙排行第三。

阮啸仙小时就读于县三江高等小学,毕业后考取了广州第一甲种工业学校机械科。

1919年五四运动爆发后,阮啸仙和学校的学生运动骨干们领导了甲种工业学校的学生运动,同时走出校门,走上社会,推动了广州学生运动的发展。他们改组了"校友会",成立了"广州市中等以上学生联合会",阮啸仙被选为执行委员会委员。

1920年8月,阮啸仙加入中国社会主义青年团。同年冬,广州建立了共产主义小组。1921年春,阮啸仙加入了该小组,成为我党最早的50多名党员之一。

1922年秋,阮啸仙从工业学校毕业后,受广东党组织委派,负责筹备成立社会主义青年团两广区委员会的工作,被选为团区委书记,成为广东省社会主义青年团的创始人和领导者。

1923年6月,阮啸仙在广州组织"新学生社",作为团的外围组织,担任该社执

阮啸仙故居外景

阮啸仙故居

阮啸仙在广东省第一甲种工业学校读书时的留影

1925年阮啸仙(中间站者)与杨石魂(右下一)等人合影

阮啸仙(后排左一)与当时的团中央领导人邓中夏(前右一)、恽代英(后排右二)等人的合影

行委员会书记。随后,出席在南京召开的社会主义青年团第二次全国代表大会,被选为团中央执行委员会候补委员。

农运领袖

1923年6月,阮啸仙出席在广州召开的党的三大,积极支持与孙中山领导的国民党建立革命统一战线的方针、政策。会后,他按党组织要求以个人身份参加国民党,协助广州地区国民党改组工作,被任命为国民党临时区党部执行委员。国共合作后,他先后担任中共广东区委委员兼农民运动委员会书记、国民党中央农民部组织干事、中共中央农民运动委员会委员、中共广东省委委员兼农民运动委员会书记,是大革命时期农民运动的重要领导人之一。

早在1923年5月,阮啸仙还在担任社会主义青年团广东区执行委员会代理书记的时候,就注意到农民问题,将"农民运动问题"列入青年团广东区委的议事日程。并且,还发动团员于暑假期间到农村去做调查研究工作,他自己则亲自深入花县农村,协助农民组织"农工协会"。

1923年10月,在阮啸仙的领导下,青年团广东区委拟定了在广东

1926年6月广东全省农民第二次代表大会部分代表合影（前排右起第五人为阮啸仙）

各地开展农民运动的计划，把工作重点从学生运动逐渐转移到工农运动方面来。

1924年以后，在国共合作的有利条件下，阮啸仙便将更多的精力投入到农民运动的领导工作中。2月上旬，他到顺德、新会、东莞等县视察团的工作，亲自指导当地的团组织积极开展农民运动。7月，他又往花县协助组织农会，后来还到韶关和广宁推动农民运动。

在阮啸仙的领导下，1924年5月召开的青年团广东区第二次代表大会，首次作出了"农民运动决议案"。自此以后，阮啸仙在广东农民运动中发挥了越来越大的作用。

1924年8月，中共广东区委正式成立了农民运动委员会。10月以后，由阮啸仙担任这个委员会的书记，成为广东省农民运动的实际负责人。在他和澎湃的领导

阮啸仙在省农协的照片

阮啸仙与彭湃（左）

大革命时期的阮啸仙

小故事

"铁面无私"

1923年,有人反映担任讲习所会计的阮啸仙的堂兄有贪污行为,阮啸仙知道后,三天三夜没休息,终于把其贪污账目查了出来,毫不留情地责令堂兄退赔了贪污款,并将堂兄轰出了讲习所。此事在中共党内传为佳话。

广州农民运动讲习所旧址

下,到1925年4月底,已经在22个县建立了农民协会组织,农会会员达21万多人。

1925年5月1日,召开了广东省第一次农民代表大会,正式成立了广东省农民协会,阮啸仙当选为省农民协会执行委员会常务委员,在阮啸仙的领导下,广东农民运动迅速发展。

到1925年10月,农会组织已发展到33个县,45万会员;到12月,则有37个县建立了农民协会组织,会员达52万名。

为了培养农民运动干部,阮啸仙成立了广东农民运动讲习所。阮啸仙曾任广州农民运动讲习所一至六任教员,第三任所长,经常为讲习所学员讲课,与毛泽东、林伯渠、邓中夏等一道为中国农民运动培养了一大批干部。他的名字在广东各地大为流传,受到广大农民的拥护和爱戴。有一首童谣这么说道:"阮啸仙,阮啸仙,农民见到哈哈笑!地主见到哇哇叫!"

人民审计先驱

1927年4月12日蒋介石发动反革命政变后,阮啸仙冒着生命危险到汉口出席了党的第五次全国代表大会,被选为中共中央委员,并被任命为中央审计委员,从此开始了对党内经费的审查工作,与审计结下了不解之缘。

同年10月,他参加了广东省委在香港召开的联席会议,继续当选为省委委员,并担任农委书记职务。1928年1月23日,他被任命为中共仁化县委书记,领导仁化人民开展土地革命和武装反抗国民党反动派的斗争,为在仁化建立苏维埃政权做了大量的工作。2月13日,以仁化武装农民为主力的"广东工农革命军北路第八独立团"在阮啸仙的领导下,举行了仁化大暴动,攻占了县城,发表了《革命委员会政纲》和《暴动宣言》,有力地打击了国民党反动派的统治。

1928年6月,中国共产党在莫斯科召开第六次全国代表大会,阮啸仙被选为中央审查委员会委员。回国后,任中共江西省委秘书长、省委常委兼组织部长,江苏省委委员兼宣传部长,并一度任党中央审计处处长。

革命斗争是残酷的,失去亲人的心情是那样的悲伤。1929年,阮啸仙的爱人高恬波——一个优秀的共产党员,在江西南昌被国民党杀害。噩耗传到上海,阮啸仙万分悲痛,他引用唐朝诗人杜甫的诗句"出师未捷身先死,长使英雄泪沾襟",来寄托对亲人的思念和哀悼。

1930年阮啸仙调到党中央宣传部,开

小资料

广东省第一位女共产党员
——高恬波

高恬波,1898年生于广东省惠阳县。17岁考入广州妇孺产科学校。1923年6月,中国社会主义青年团广东区委在广州建立了团的外围组织——新学生社。阮啸仙任书记,高恬波为执行委员会常务委员。她与阮啸仙在工作中建立了友谊并结为伴侣。同年,加入中国社会主义青年团。

1924年春,高恬波加入了中国共产党,成为广东省第一个女党员。

第一次国共合作期间,高恬波担任国民党中央妇女部干事,成为妇女部长何香凝的得力助手。1924年7月,高恬波参加了彭湃主持的广州第一期农民运动讲习所。学习结束后,她担任了农民运动特派员,奔走于广东花县、顺德、中山、潮梅等地农村,开展农民运动。

1925年冬,为配合北伐战争,妇女部何香凝、邓颖超等发起组织"军人家属妇女救护员传习所",高

阮啸仙与高恬波

恬波担任救护队队长。1926年8月，在北伐军进攻汀泗桥的战斗中，她带队冒着枪林弹雨，奋不顾身地抢救伤员，在中弹负伤的情况下，顽强地将伤员救下火线，被官兵们称赞为救护队的"女将军"。

1927年12月，党领导的广州起义爆发，她回到广州，组织领导妇女救护伤员。广州起义失败后，她被党派到江西省委，除做妇女工作外，还兼任秘密交通、会计、庶务等工作，来往于南昌、赣州等地。

1929年12月，由于叛徒出卖，高恬波不幸被捕。反动军阀张辉瓒对她威逼利诱，逼她投降，说出党的秘密。但无论是花言巧语，还是严刑拷打，高恬波始终横眉冷对、坚贞不屈，最后英勇就义，牺牲时31岁。

1926年北伐时的高恬波与邓演达夫人郑立真(左)、陈铭枢夫人朱光珍(右)摄于长沙。

始进入党的中央机关工作。在此期间，他集中研究了中国苏维埃问题，发表了十一篇有关文章，正确地分析了大革命失败后中国的政治、经济形势，对建立红色革命政权的必然性、重要性和可能性以及斗争的中心策略进行了具体的阐述，对我党关于农村革命根据地理论的创立和形成作出了积极的贡献。

1931年11月，中华苏维埃共和国临时中央政府在江西瑞金成立。虽然阮啸仙未出席苏维埃第一次全国代表大会，但仍与毛泽东、周恩来、朱德等同志一起当选为中央执行委员会委员。

1933年夏，阮啸仙被派往江西瑞金，出席了第二年召开的第二次全国苏维埃代表大会，并再次当选为中央执行委员会委员。

1934年2月3日，阮啸仙任中华苏维埃共和国临时中央政府审计委员会主任，成为中国共产党的第一任审计长，是人民审计制度的奠基者。

他一上任就千方百计地增加苏维埃政府的财政收入，从各方面节约开支。按照临时中央政府发布的《审计条例》，围绕预算、决算制度的建立和完善，财政的统一和反贪污浪费斗争等，在预算执行、增收节支、企业管理等方面，先后建立起一系列经济管理制度,严肃财政纪律,预防和制止腐败行为。同时,在中央机关、地方政府和红军部队内部设立审计委员会,开展了富有成效的审计工作,为人民审计制度的建立奠定了坚实的基础。

肃贪能手

早在广东工作期间,阮啸仙就已患上了哮喘和肺结核病,身体比较虚弱。但他并没有为此而放弃革命事业,而是更加忘我工作,经常通宵达旦地审核各部门的会计账目,亲自起草审计报告或有关审计工作的文件,关注着苏维埃共和国的每一个铜片。他曾经在《红色中华》报上发表署名文章,号召"节省每一个铜片,为着战争,争取前线上的胜利"。

1934年2月中旬,阮啸仙安排对部分国家企业的财务收支进行审核。当审计人员到达叶坪下坡坞的那天晚上,群众就送来一封控告信。控告信反映,中央印刷厂会计科长杨其兹,经常与军委印刷所的会计科长路克勤一起吃喝嫖赌,整日花天酒地,在厂内欺压克扣工人,还强占他人妻子。信后有十多个群众和工厂工人的签名。

杨其兹,年近五十,是原中央印刷厂厂

阮啸仙(右二)、高恬波(右一)、彭湃(左二)、许玉庆(彭湃爱人,左一)的合影。

瑞金沙洲坝中华苏维埃共和国临时中央政府审计委员会旧址

小资料

对国家企业反贪三点建议

国家企业这几起贪污案的发生，令阮啸仙从中悟出了企业管理中的几个问题。

于是，他在审计结论报告中提出了三点意见：

一、由于三个贪污案的检举，证明反对生活腐化，特别是反官僚主义是与反贪污斗争不可分离的，只有加紧反对腐化，反对官僚主义，才能更有力地彻底消灭贪污现象。

二、关于任用亲戚，尤其是阶级异己分子，这完全是封建的官僚机关的恶习。苏维埃机关绝不允许有这种恶现象！我们应该加以无情的打击。

三、对于工厂的工账，我们提议应当每月向工人公布，或是由工人与工会派代表来审查，每月不要有了结算就放心，而且工厂负责者与该厂上级机关，应当详细审查决算。

阮啸仙的这三点意见，不久由中央工农检察委员会公布并强调实施。

瑞金的中华苏维埃共和国临时中央印刷厂旧址

长杨其鑫的哥哥。这人长得身高体瘦，嘴角留着两撇八字胡，说话阴阳怪气，鼻梁上架一副眼镜，镜片后面常常射出一道凶光，群众都称他是阴险毒辣的"辣毛虫"。

接到群众控告，阮啸仙当即部署进行审查。查了几天，从账本上竟未查出杨其兹有什么贪污疑点。"这就怪了。"阮啸仙决定去察看一下那家大田尾赖荣生饭馆。

这是一家农村小圩场的普通饭馆，正厅里摆着几张方桌、凳子，桌子上放着酒壶、碗筷一类的东西，并没有什么特别之处。可是，当穿过正厅，经过侧门却有一间小饭厅，这里装饰别致，四壁白净，绸布盖桌，餐具也是新一色的。经再三追问，店主最终道出实情：这间小饭厅是按杨其兹的要求开设，并专供杨其兹和路克勤使用的；在饭厅一侧，另有一间小卧室，是供他们休息、玩弄妇女的场所。赖荣生还说，杨其兹和路克勤至少隔天就会来，来了至少得花二三十元。20世纪30年代初期，这种享受已是够奢靡、够阔气了。时任苏维埃中央政府主席的毛泽东，他每天的生活标准也只有3钱盐、2钱油、12两米（16两为1斤）。在如此艰苦的战争年月里，苏维埃企业竟养了这么个贪污腐化分子，这怎么得了？

阮啸仙气愤地说："查，继续查，我就不

信查不出他们的问题。"阮啸仙亲自出马,问题很快就查出来了。杨其兹主要是通过多开工人的工资,工人借了公家的钱,扣还后不上账等手法贪污170.332元。

在对中央造币厂的收支情况进行检查时,受到厂长陈祥云的不断刁难和阻拦,陈祥云还四处放话,说审计委员会有意捣乱工厂生产。原来,该厂会计科长凌全香是陈祥云的妻兄。阮啸仙知情后说:"存在这等关系,这个厂的账目更要认真查一查。检举打击贪污浪费是苏维埃中央政府的号令,任何人也无法阻止。"这一查,果然查出了问题,凌全香贪污公款210.678元。

审查中央互济总会财务部长谢开松贪污案,更显示了阮啸仙审计办案的聪明才智。谢开松是个从事财务工作十多年的"老会计",在他听到有群众举报控告后,他就使出了造假账的"绝招"忙碌了一番。

阮啸仙等到了互济总会后,谢开松显得异常殷勤周到,搬出账本陪着审计人员一边翻账,一边解释。阮啸仙见此情形,忙将账本推到一边,要谢开松谈谈近几个月的大致收支情况。谢开松显得非常"老练",一条一款说得清楚,阮啸仙则一项一项记录下来。

待谢开松讲完了,阮啸仙拿过账本逐

> **小资料**
>
> **审计:中央部委是重点**
>
> 1934年2月,阮啸仙担任中央审计委员会主任后,首先率领全体审计人员,到中央机关各部委这些"重点单位",审查财政预算、开支、决算和计划等"重点问题"。
>
> 通过审查中央总务厅、财政部、国民经济部等十几个部委3月份的账目,发现中央各部共有工作人员849人,机构臃肿,人浮于事,经费开支过大。
>
> 阮啸仙将此情况及时地向中央执行委员会作了详细报告。中央对此很重视,立即裁减了中央机关工作人员169人,既节省了开支,又提高了工作效率。
>
> 接着,阮啸仙又率领全体审计员,审查了国家企业单位经济收入状况。他先后召集中央印刷厂、邮政总局、贸易总局、粮食调运总局等单位负责人开会,严肃指出他们存在的"不考察产品的成本,不知道计算盈亏,有钱就用,没钱就向国家主管机关要"的弊端,要求他们加强成本核算,健全会计制度。
>
> 在审计工作中,阮啸仙极力主张"公开审计"。要求中央审计委员会对行政、企业单位的经济活动进行审计后,要形成书面报告,在肯定成绩的同时,指出存在的问题,并针对不同情况提出可行性建议。报告写好后,还要将它张贴在该单位醒目之处,供大家审查监督。

开国英模

在中央苏区时期的阮啸仙

小资料

苏区经济卫士

阮啸仙组织肃贪"突击队"和清腐"轻骑队",在苏区首府瑞金县共查处腐败分子7人,其中有县财政部会计科长、区军事部长、"区苏"主席等,追缴被贪污公款6000多元,有力地打击了苏区的贪污腐败现象,弘扬了正气。

与此同时,阮啸仙在审计工作中发现,许多贪污浪费问题与一些部门的领导干部不懂经济、官僚主义有很大关系。于是,阮啸仙通过审核各机关企业的预算和会计账目,推动了各级领导学习经济管理、反对官僚主义的深入进行。

在审核中央总务厅的财务账目后,发现赵宝成当厅长时浪费十分严重。阮啸仙在审计总结报告中指出:"有些工农出身的干部,不会写算,不懂管账,差不多成了一般的现象,在这里我们应警醒,应该热忱学习管理自己国家的财政。"

中央审计委员会在阮啸仙领导下卓有成效地开展审计工作,从而使中央和各级政府在执行财经制度方面发生了明显的变化,尤其在反贪污腐化和反浪费斗争中,不正之风很快得到遏制。中央苏区军民交口称赞苏维埃政府是"空前廉洁的政府",而阮啸仙和全体审计人员则被人誉为"苏区经济卫士"。

项对照起来,发现里面有许多出入,另有部分伙食账目和库存物资项目在账本上未反映出来。阮啸仙拉下脸,毫不客气地说:"谢部长,你的脑子记忆与账本记录相差甚远,你这账本记的全是'账外账',请你把实账拿出来吧。"这一下,谢开松似乎预感到什么,他拿账本的手开始发抖。

事情败露的那天晚上,谢开松突然失踪。其实,阮啸仙早有所料,他已与国家安全保卫局和中央工农检察部取得联系并已转知:谢开松在接受审查时形态反常!在武阳至会昌的西鹅山渡口,经过化妆的谢开松被安全保卫局人员抓获。与谢开松同行的还有一名中央互济总会的会计,从他们身上搜出2只金戒指和大洋1000余元。2月12日,在沙洲坝鹅公岽草坪,谢开松等受到苏维埃法庭的公开审判。

连续紧张的突击审查,阮啸仙极少休息,身体明显消瘦,脸色更焦黄,他的哮喘和肺结核病更重了,常常咳嗽不止,有时竟咳出血来。大家劝他休息一段时间,他就笑笑说:"没事,过几天就会好的,要是在这个时候躺下,贪污分子就会高兴了。"

1934年8月,阮啸仙奉命调任中共赣南省委书记兼赣南军区政委。这时,前方的形势已是十分紧张,后方的工作是"一切为了前线"。然而,阮啸仙在他离别之际仍然念念不忘审计工作。他在审计委员会干部会上说："审计监督工作,任何时候都不能放松,因为这是我们苏维埃旗帜不倒,并最终战胜敌人的重要保证。假如让那些贪污腐化和革命投机分子在我们眼皮底下溜掉,那就是我们的严重失职,就是对革命的犯罪。"

阮啸仙敢于碰硬,大胆揭露问题,为中央苏区深入开展反贪污浪费斗争提供了可靠依据。苏区军民赞道:阮啸仙由"白脸书生"变成"黑脸包公"了。

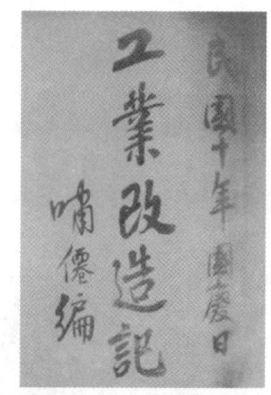

阮啸仙手迹

阮啸仙烈士陵园内的纪念碑亭
(广东省河源市人民广场西)

英名永存

第五次反"围剿"失利后,中国工农红军开始了战略转移。阮啸仙奉命留在赣南开展游击战争,牵制敌人。他担任了赣南省委书记兼赣南军区政治委员。面对敌人的包围,1935年3月3日,阮啸仙率领赣南党政军机关向江西信丰、安远边界突围。经过几天的激烈战斗,部队伤亡严重。

3月6日,当部队突围到两县交界的安西时,遇到敌人更强大的包围。在这危急时刻,阮啸仙命令早已抢占牛岭以东高地的重机枪连,用猛烈的火力,从侧背袭击敌人,并命令另一部分战士从西面斜刺里杀向敌人。

阮啸仙烈士陵园内的纪念碑

阮啸仙塑像

河源市啸仙中学

狡猾的敌人发现突围部队的意图,赶紧集中火力,死命向突围战士射击。子弹像飞蝗一样,落在阮啸仙的前后左右。但他毫不畏惧,一边指挥队伍狙击敌人,一边率领战士匍匐前进。就在部队越过牛岭、畚岭之间的封锁线,经过信丰上小埂时,阮啸仙不幸被一颗流弹击中,壮烈牺牲,为中国人民的解放事业献出了宝贵的生命,年仅38岁。

时任中华苏维埃共和国中央政府办事处主任的陈毅,在惊悉阮啸仙和中央军区总政治部主任贺昌先后牺牲的噩耗后,含泪写下了一首催人泪下、感人肺腑的诗篇《哭阮啸仙、贺昌同志》:

环顾同志中,阮贺足称贤。
阮誉传岭表,贺名播幽燕。
审计呕心血,主政见威严。
哀哉同突围,独我得生全!

何叔衡
(1876-1935)

荣　　　誉：中国共产党创始人之一
出　生　地：湖南省宁乡县
民　　　族：汉族
诞　　　辰：1876年5月27日
逝世纪念日：1935年2月24日
牺 牲 年 龄：59岁

　　何叔衡，原名启璿，字玉衡，号琥璜，学名瞻岵。1876年5月27日生于湖南省宁乡县勺子冲。从12岁到22岁，中间除两年在家种地外，何叔衡读了八年私塾。

　　1902年，何叔衡26岁时，遵父命参加科举考试，得中秀才。同年11月，县衙请他去担任主管钱粮的官吏，他激愤于衙门腐败，甘愿在家种田、教私塾，乡里人称其"穷秀才"。

何叔衡故居

云山书院

湖南第一师范学校

何叔衡塑像

何叔衡在乡间教过五年私塾。这时，他一面教书，一面抓紧时间自学，涉猎范围遍及经、史、子、集，特别注意研究历史、地理和人生观问题。他对自学要求很严，常恨时间为冗事所占，不能充分用来读书。

1909年春，他受聘到离家25公里的云山高等小学堂任教。这个学堂的前身叫云山书院，与县城玉潭书院齐名，并称宁乡的两大书院。

结识毛泽东

1913年春，何叔衡37岁时，考入湖南公立第四师范学校。一年后，四师并入湖南公立第一师范学校，他又转入一师讲习科一班就读。校方负责人问他：为什么这么大的年纪还来当学生？他诚恳地说：深居穷乡僻壤，风气不开，外事不知，耽误了青春，旧学根底浅，新学才启蒙，急盼求新学，想为国为民出力。他的回答深受学校负责人的赞许。

在此期间，何叔衡结识了比他年轻17岁的毛泽东。两人虽然年龄相差很大，但因志趣相同，通过共同探讨救国救民的真理，很快建立了亲密的友谊。毛泽东对他十分尊重，特别是为他的办事热忱，感情热烈所感动,常说:"何胡子是一条牛,是一堆感情。"他对毛泽东的勤奋好学和远见卓识,更是钦佩,常向人介绍说:"润之是个了不起的人物。"并说:"润之说我不能谋而能断,这话是道着了。"由此可见两人相知之深。毛泽东早年在湖南的革命活动,何叔衡无不以极大热情和实际行动加以赞助;他的革命行为,毛泽东也同样予以全力支持。

何叔衡在一师只读了半年就提前毕业了。1914年7月,他受聘于长沙楚怡学校任主任教员,教高年级的国文课。但仍和还在一师读书的毛泽东等人时相往来,保持着极密切的联系。

1918年4月14日,何叔衡与毛泽东、蔡和森等发起组织成立新民学会。这年6月和8月,蔡和森、毛泽东等人因组织赴法勤工俭学事相继赴京。在长沙的会务和通讯联络,实际上是由他负责的。

1919年,五四爱国运动爆发后,何叔衡以极大的热情投入到运动中,全力协助已经由北京返回长沙的毛泽东,以新民学会为核心,组织和推动湖南反帝反封建斗争的不断深入和发展。

民国初期,湖南第一师范学校大力推行新式教育。图为该学校正整队出发,进行校外活动。

1920年3月,何叔衡参加和领导了驱除皖系军阀张敬尧的斗争。由于他在驱张运动中的表现,毛泽东在1920年4月称赞他说:"叔翁办事,可当大局。"

经过驱张斗争的战斗洗礼,在马克思主义广泛传播和毛泽东的影响下,何叔衡开始走上了信仰马克思主义的道路。1920年6月17日,他从衡阳回到长沙不久,就协助毛泽东在湖南展开了宣传马克思主义和建立共产党的准备工作。

1920年夏,为了在湖南宣传马克思主义,他首先协助毛泽东创办了文化书社。确定以"研究俄罗斯一切事情为宗旨",提倡赴俄勤工俭学,先后介绍刘少奇、任弼时、萧劲光等进步青年到上海外国语学校学习俄语及赴俄留学。

创建共产党

1920年8月,陈独秀等在上海建立了共产主义小组。9月,毛泽东在长沙组织新民学会会员中的积极分子学习马克思主义,实际上是为在湖南建党培养骨干,何叔衡等参加了学习。1920年冬,他与毛泽东共同发起成立湖南的共产党早期组织。

1921年6月29日傍晚,毛泽东与何叔衡一同踏上了停靠在长沙码头的一艘轮船,代表湖南的共产主义小组前往上海,出席中国共产党第一次全国代表大会。"一大"闭幕后,何叔衡和毛泽东一道被派回长沙,在湖南建立党的地方组织。10月,参与组建中共湖南支部,任支部委员。

1922年"五一"节前后,中共湘区(包括安源)委员会正式成立,毛泽东任书记,何叔衡任组织委员。

为了扩大马克思列宁主义宣传,训练党、团干部,加强党的建设,1921年8月,毛泽东和何叔衡等利用船山学社的社址和经费,还创办了湖南自修大学。自修大学一时被称为"湖南革命的总汇处"。

"宁乡四髯"

1926年摄于长沙，姜梦周、何叔衡、王凌波、谢觉哉（从左至右）。

在自修大学工作期间，何叔衡还参与了对当时湖南工人运动的领导。1922年9月，粤汉铁路武长段工人罢工遭到镇压，死伤多人，郭亮等46人被捕押送到武昌陆军监狱。何叔衡由党组织和毛泽东派往武汉，与湖北党组织共商营救被捕工人和把罢工斗争进行到底的办法。他到武汉后，即与中国劳动组合书记部湖北分部主任林育南等商议，决定湖南、湖北协同作战，紧密配合，号召工人齐心协力，团结战斗，不达目的，决不休止。在两省工人的坚决斗争和全国铁路工人的有力支持下，最后罢工获得了胜利。

大革命时期，按照党的要求，何叔衡在湖南发展国民党组织，推动国民革命的发展，曾任国民党湖南省党部执行委员、

小资料

宁乡四髯

在何叔衡的影响下，同乡的谢觉哉、姜梦周、王凌波都先后参加革命，入了党。1926年，他们四人在长沙拍了一张合影。因四人都留了须，谢觉哉就在照片上题了"宁乡四髯"四个字。自此，"宁乡四髯"便传诵于湘中。四人中以叔衡年纪最长，大家都亲切地称他作"何胡子"。

何叔衡

开国英模

小故事

何叔衡的三件宝

1931年11月,何叔衡担任中华苏维埃中央政府工农检察部部长。不久,他又兼任代理内务部长、最高法庭主席等职。

何叔衡身上随时背着三件宝:布袋子、手电筒和记事簿。他的布袋子是自己设计请人缝制的。袋子中分成几个小袋子叫"袋中袋",每个小袋子都有它特定的用场。他的记事簿上几乎无所不记,他说,人老了,脑子不管用,记在本子上忘不了。这三件宝伴随着他起早摸黑,走村串户,到了瑞金时,他的布袋子已满了,人证物证齐全,检察工作、司法工作、内务工作、干部教育情况,什么都有,东西虽多但条理清楚,杂而不乱。

中央工农检察部成立不久,何叔衡就召集全体工作人员开会,发动大家分头下去摸底。会后,他又背上他的三件宝出发了。他白天和群众在田间地头边干边谈,晚上召集部分干部群众座谈,没几天工夫就掌握了很多材料。不久,各路人马返回检察部,通过汇总整理,发现有相当一部分县、区政府,单靠行政命令去解决问题,有的甚至吞没公款,贪污腐化。何叔衡认为,这些问题如不及时克服,将直接威胁苏维埃政权的巩固。于是,他随即将这些情况向毛泽东、项英等领导作了汇报。

1932年2月1日,人民委员会召开第八次常务会议。会上,何叔衡将了解到的情况作了全面汇报,有事实、有根据,使与会者不禁惊

监察委员等职。

1927年马日事变发生后,何叔衡化妆离开了湖南,经武汉到达上海,与谢觉哉、徐特立、毛泽民等一道筹办党的聚成印刷公司。这个公司对外公开营业,承印商标、簿记等业务;对内专门印刷党的文件和刊物。他既是聚成印刷公司的经理,又担任上海互济会的书记。在刀枪林立、刑场绞架遍地的白色恐怖之中,他心细胆大,临机应变,一不怕苦,二不怕死,沉着机智地对付国民党特务,坚持党的地下斗争。

1928年6月,中共中央决定何叔衡赴莫斯科学习。到莫斯科后,他参加了当时在这里召开的中共第六次全国代表大会。9月,进入莫斯科中山大学特别班学习。同班的有林伯渠、徐特立、方维夏、叶剑英等10余人。其中多数是年龄四五十岁,斗争经验较丰富,文化水平较高的干部,因此,当时这个班又被戏称为"老头班"。

1930年7月,何叔衡从莫斯科回国,在上海担任共产国际救济总会和全国互济会的主要负责人,组织营救被捕同志,将暴露身份的同志转往苏区。

铁面法官

1931年秋,他奉命进入中央革命根据

沙洲坝中华苏维埃共和国中央大礼堂

1931年11月7日到20日，中华苏维埃第一次全国代表大会在江西瑞金召开。

中华苏维埃第一次全国代表大会旧址——瑞金叶坪谢家祠堂

地，与毛泽东等参加中央工农民主政府的领导工作。11月7日至20日，中华工农兵苏维埃第一次全国代表大会在瑞金叶坪谢家祠堂隆重召开，成立了中华苏维埃共和国临时中央政府，毛泽东当选为主席。何叔衡当选为中央执行委员会委员，并被任命为中央政府工农检察部部长。接着，又被任命为内务部代理部长和中央政府临时法庭主席，还兼任各级苏维埃政府干部训练班主任和教育委员会委员等职。举凡检察、民政、司法，从对政府方针、政策执行情况的检查，纵火烧山、偷税漏税、违法乱纪和反革命犯罪的处理与惩办，苏维埃干部的训练，到省、县印信的颁发，行政

愕。他提议：中央政府要立即对那些执行上级命令和法律疏忽懈怠的现象及一切贪污腐化分子给予严厉打击。此建议得到了与会者的一致赞同。接着，人民委员会发布第五号命令。命令指出"这些工作的检查，刻不容缓，各级必须坚决执行"，"各级政府应绝对执行这一工作，不得稍有玩忽和怠工"。

人民委员会的指令发出以后，何叔衡再次背上他的三件宝，率领人马深入各省、县、区进行检查、督促、落实。

开国英模

小故事

何叔衡为何被称为"何青天"

临时中央政府中央工农检察部下设控告局和突击队,突击队可以公开突击检查任何苏维埃机关、苏维埃的企业和合作社,以揭露该机关或企业的贪污浪费及一切官僚腐化的现象。控告局设有调查员,他们每天到各个控告箱去收取控告信,然后根据群众的控告,调查核实。

1932年5月,有人向中央工农检察部部长兼临时最高法庭主席何叔衡举报,说瑞金县委组织部长陈景魁滥用职权,向群众摊派索要财物,利用地痞流氓欺压群众。何叔衡不相信,共产党内竟有这等组织部长,决定亲自带人到瑞金县委组织部驻地黄柏村进行调查。

五十多岁的寡妇李秀梅向何叔衡哭诉道:"陈景魁用酒把我儿媳灌醉,施行强奸。我儿知道后,去区里告状,竟在路上被陈景魁派来的一伙打手打成血人,手臂和腿骨均被打断。"何叔衡听了非常生气,决心深入调查。结果他又发现,陈景魁在村里还强奸了另外三名妇女,并与一名寡妇经常厮混。同时还查明,陈景魁拉拢结交一伙赌

临时中央政府内务部

临时中央政府工农检察部

区划的增设与撤并,以及有关婚姻、死亡、土地契约、工商业的登记、拥军优属、修路搭桥、邮政传递、禁杀耕牛、调解纠纷、社会救济等,都由他主管,任务繁重而复杂。他夜以继日、一丝不苟地工作着。

工农检察部是一个大部,有七八十个干部,常分批轮流下到各地,检查各种贪污、违法乱纪、失职渎职的行为,调查落实各种控告材料。每批人员下去前,他都要详细交代应注意的问题,特别强调不能对群众耍态度,要搞好和群众的关系,深入群众,了解真实情况。每批下去的干部回部后,他都要亲自听取汇报,干部有什么事做错了,他就指出错在哪里,今后应注意什么。他对干部要求严格,但他批评人,不是疾言厉色,而是和风细雨,耐心教育。在部里,他的威信是很高的。

这时,王明"左"倾错误已在中央苏区

逐步贯彻。经过1931年11月苏区党代表会(通称赣南会议)和1932年8月宁都会议,"左"倾错误领导相继剥夺了毛泽东在党和红军中的领导职务。对此,何叔衡十分不满。在工作中,他对"左"倾错误的某些作法进行了抵制。

当时,在过左的肃反政策的影响下,一些省、县司法机关的干部认为,多判死刑保险。何叔衡主管司法,对下面报来审批的案件,总是仔细审查,反复推敲,凡是他认为材料不够判处死刑的,就不予批准。但是,他对真正罪大恶极的反革命分子决不心慈手软。

由于何叔衡发表过一些对"左"倾错误不满的言论,又在审判工作中坚持实事求是的原则,力求罪证确实,量刑准确,重罪不轻判,轻罪不重判,对当时过左的肃反政策进行抵制,导致了"左"倾错误领导和一些不明真相的人指责他为"严重的官僚主义者","政治上动摇","拿法律观念来代替残酷的阶级斗争"。

早在1932年冬,中央机关党总支委员会就曾提议撤销何叔衡的领导职务。当时,因中共云集区区委和瑞金县委都不同意而作罢。后来,"左"倾错误领导见批他不服,斗他不改,终于在1933年冬撤销了

临时中央政府最高法院

徒、打手、恶棍,经常在一起打牌、酗酒、强摊款物,对不服从者施以打击报复。

调查清楚后,何叔衡以临时最高法庭主席名义,签发了对陈景魁的逮捕令。然而此时,何叔衡却收到一封装有子弹的恐吓信。面对这种情况,有人劝何叔衡说:"陈景魁有一帮黑势力,千万要小心!"

何叔衡轻蔑地笑道:"共产党人生来就是与黑势力作斗争的!"何叔衡速战速决,将陈景魁公审后枪决,其他恶棍与打手也分别受到了严惩。于是"何青天"的美名便在苏区传开了。

何叔衡画像

他的全部领导职务。

何叔衡虽在政治上受打击，行政上被撤职，但他始终以一个共产党员的党性原则严格要求自己，坚持从大局出发，忍辱负重，踏踏实实、忠心耿耿地努力做好组织分配给自己的工作。经常和其他同志一道去医院慰问红军伤病员和到烈军属家里去帮助劳动、解决问题，表现了他对党对革命对人民的无限忠诚。

"我要为苏维埃流尽最后一滴血"

由于王明的"左"倾错误领导，第五次反"围剿"失败。1934年10月，中央红军主力被迫撤出根据地进行长征，何叔衡被留在根据地坚持斗争。

1935年1月，何叔衡与瞿秋白、邓子恢等人，由江西瑞金附近出发转移去闽西。其中瞿秋白、何叔衡等拟经广东、香港去上海，邓子恢则决定留在福建与张鼎丞等坚持游击战争。他们一行化装成商人及眷属，在几天后到达中共福建省委所在地汤屋。在汤屋停留了一段时间，继续启程去永定。

福建省委为了保障他们的安全，选调人员组成护送队沿途护送。他们昼伏夜行，通过层层关卡，于2月24日凌晨到达上杭县濯田区水口镇附近的小径村。队伍在这里休息吃饭时，被地主武装"义勇队"发现，报告了驻扎在水口镇的敌保安第14团2营。敌人迅速包围了小径村，护送队仓促应战，何叔衡等闻枪声即从村里转移到村南的大山上，在护送队掩护下分别进行突围。

何叔衡气喘吁吁奔跑困难，又不愿拖累同志，面色苍白地向带队的邓子恢喊："开枪打死我吧！"邓子恢让警卫员架着他跑，到了一个悬崖边，何叔衡突然挣脱警卫，纵身跳了下去。

何叔衡身负重伤，躺倒在山下一块水田附近，被两个匪兵发现，以为他已身死，在搜身时，何叔衡奋力反抗，被匪兵连击两枪，壮烈牺牲，实践了他生前"我要为苏维埃流尽最后一滴血"的誓言，时年59岁。

1937年，在党中央纪念党成立16周年大会上，为牺牲同志默哀，当毛泽东主席念到何叔衡名字时，参加纪念会的人惊悉他的死已经证实，感到无限悲痛。

何叔衡与李达（雕塑）

何叔衡名言警句

■我不希望我家活多少人，只望活的人要真活，不要活着还不如死。

■凡事只有快快活活地去想，天大地大的事都是如此。

■幸福绝不是天地鬼神赐给的，病痛绝不是时运限定的，都是人自己造成的。

■一个共产党员就是不应该死在病床上，他一定要死在大马路上。

■我绝对不是我一家一乡的人，我的人生观，绝不是安居乡里以求善终的；绝对不能为一身一家谋升官发财以愚懦子孙的。

旷继勋
(1895-1933)

荣　　　誉：中国工农红军高级指挥员
出　生　地：贵州省思南县
民　　　族：汉族
诞　　　辰：1895年6月16日
逝世纪念日：1933年6月(具体日期不详)
逝世年龄：38岁

入伍川军　投身革命

1895年6月16日，旷继勋生于贵州思南大河坝区庙塘湾的一个贫民家庭，原名旷大勋，号集成，父亲有文化，懂中医，靠赶乡场卖中药维持全家生活，旷继勋姊妹7人，继勋排行老三，一家生活清苦。继勋很小的时候，因年景不好，又加清廷腐败，外敌入侵，官吏贪腐，民不聊生，父亲的卖药生意尤为艰难，二姐就带着小继勋以讨饭度日，幼小的心灵中充满了屈辱与愤怒。

小继勋是家中的长男,父亲到处借债,送他读书,但他也只是读了3年私塾,然后就帮着父亲赶场摆药摊。父亲对小继勋管教很严格,即便在跟父亲走乡串村卖药时,也手捧书本,抽空诵读。他每天至少练字一篇,从没有中断。和少年朋友玩耍时,经常"两军对垒"玩互掷石子打仗的游戏。他还从小喜欢跨远弹跳,练就了一副轻捷矫健的身躯。

19岁那年,旷继勋毅然入川,投入军阀赖心辉部当兵。在部队里,旷继勋当了两年下等兵,能投石子击中20米外火柴盒大小的目标,能跳过很宽的沟坎,能像江湖侠士般攀岩附壁,同时与数人赤手对打。这都得益于他小时候的"训练"。

由于他作战勇敢,军事技能提高很快,不断得到提拔,先后当过排长、连长、营长、团长、旅长。

1923年,为抗击吴佩孚侵川,旷继勋部曾划归名将刘伯承指挥,与刘伯承建立了亲密的友谊。

1925年,旷继勋任川军江防军第七混成旅第二团团长。旷继勋结识到一些思想活跃、追求进步的有识之士与进步官佐,思想变得激进。

1926年,旷继勋通电响应中共组织领导的四川泸(州)顺(庆)起义。当旷继勋得知共产党领导的广东"中国青年军人联合会"成立时,便与好友共产党员王文鼎在军营中发起成立"中国青年军人联合会四川分会",并派人到广州找共产党接头,得到党的支持。1926年底,他加入中

旷继勋烈士的家乡(今思南继勋村)

蓬溪牛角沟起义

国共产党。在他担任旅长的江防军第七混成旅里，各级党组织相继成立，旷继勋亲自担任教官，对官兵进行军事和政治教育，宣传革命道理。

1927年，"四一二"反革命政变后，国民党发动清党运动，到处搜捕、屠杀共产党人，旷继勋坚定地与敌人进行斗争，并在他的部队中隐蔽党员、清除敌特，保卫党的机关。

1928年冬他担任了第七混成旅代旅长。在中共四川省委的领导下，他在全旅发展党的组织，加强政治工作。

蓬溪起义　红色政权

1929年四川反动势力加紧对共产党革命活动的镇压，江防军司令黄隐决心夺回对第七混成旅的控制权，督令该旅开回成都"整编"，旷继勋拒令不从。与此同时，几路军阀部队见旷旅越来越红，如芒刺在背，他们迅速逼进，企图吃掉旷旅。在紧要关头，旷继勋和部队党组织当机立断，向四川省委请求起义。

6月29日，根据中共四川省委决定，旷继勋率领全旅4000官兵在四川蓬溪大石桥镇牛角沟起义,全体官兵戴上了红五星帽,佩戴印有镰刀、斧头的臂章,群情激愤,竖起中国工农红军四川第一路大旗,他亲任总指挥。旷继勋身先士卒,率领部队向西充、南坝场、新政、营山、渠县、梁平进发,惩办反动官吏和土豪,释放在押的政治犯,成立四川第一个红色政权——蓬溪苏维埃政府,接着又建立了新政县苏维埃政府。

起义部队不仅英勇奋战,而且军纪严明。一次,旷继勋率部来到达县边境,由于战事频繁,红军官兵整天没有进食。当行进到一处玉米地前,旷继勋下令每掰一个玉米,就必须在秆上卡一枚铜元,官兵们既吃饱了肚子,又维护了群众纪律。红军过后,农民们来到地里,发现玉米秆上卡着铜元,感慨地说:"川军来了,抢粮抓鸡;红军来了,吃点玉米还留下铜元。这样好的军队天下少见,真是我们穷人的队伍。"人们争相传颂,红军影响日益扩大。

由于长途行军作战,敌众我寡,起义失败,但这次起义在白色恐怖笼罩的四川点燃了熊熊的革命烈火。

惩处叛徒　震慑青帮

起义失败后,旷继勋向中共四川省委请示工作,省委决定送他去苏联学习。当旷继勋1929年8月到达上海时,中共中央改变四川省委的决定,安排他参加由特科陈康领导的"打狗队",负责惩办敌特和叛徒的

蓬溪县苏维埃政府旧址

工作。

当时,党的中央机关在上海常遭国民党特务和青帮歹徒的破坏。为了排除威胁,中央成立了特工科,由周恩来同志直接领导。旷继勋胆大心细,手使双枪百发百中,外表又像个文人,便于隐蔽。

叛徒白鑫原是军委秘书,由于他的叛变,我党的重要干部彭湃、杨殷等同志被捕牺牲了。党决定除掉白鑫,把任务交给旷继勋等同志去完成,周恩来也亲自制定了惩治叛徒的行动方案。旷继勋等经过详细调查,摸清了叛徒白鑫的行动规律。原来白鑫不敢住在自己家中,把暂住地安排在另一个国民党特务范争波家。这年的11月11日,白鑫等人准备离开上海,前往南京。旷继勋身着西装,怀揣双枪,巧妙地埋伏在范争波家周围。晚上11点,白范二人在保镖护卫下走出院门,不等他们走上汽车,旷继勋等即举枪射击,当即将罪恶累累的叛徒特务全部击毙,使凶恶的敌人受到了应有的惩罚。

青帮头子黄金荣经常给中央制造麻烦,而他本人十分狡猾,行踪不定,防范又很严密。旷继勋等同志经过一段时间的周密侦察,终于掌握了黄金荣的生活情况。一天,黄金荣在某浴室洗完澡,挺着大肚子正在休息,旷继勋突然进入浴室,举枪就打,黄金荣左肩中了一枪,那圆鼓鼓的肚皮也挨了一枪,身负重伤。虽未毙命,但却吓得要命。他知道这是共产党人对他的惩罚,事后便给中央机关写信表示今后"井水不犯河水,各走各的路",从此,青帮再也不敢找碴闹事。

辗转苏区　屡立战功

1928年冬,旷继勋又接受了新的任务:为支援和加强革命根据地的武装斗争,赴湖北江陵、当阳地区秘密从事兵运工作。不久他就带领被争取过来的国民党军3个连到洪湖地区加入中国工农红军。1930年2月,红六军成立后,旷继勋担任军长,参与开辟洪湖苏区。从2月底到3

月初短短的时间内，红六军连克潜江、石首等地，缴枪800余支，军事上的胜利促进了苏区政权建设的发展。4月，鄂西苏维埃五县联合政府成立。7月，红六军和贺龙领导的红四军合编为红二军团。11月旷继勋调回上海任中共中央军委参谋科科长。

1个月后，他又调赴鄂豫皖苏区，任红四军军长，参谋长为徐向前。在旷继勋和徐向前的指挥下，红四军以围点打援的战术，攻占因角楼，歼敌500余人，取得了红四军成立后反"围剿"的首次胜利。

他为部队制定了"有阵地的向外发展，有后方的向前进攻，肃清赤区反动武装，打通苏区联系"的方针，寻找敌人弱点，调动和歼灭敌人，取得了一系列战斗的胜利。在新集（现河南新县）战斗中，创造了红军战史上第一次采用坑道爆破攻城的成功战例。

新集城东临滨河，三面环山，地势险要。石砌的城墙高六七米，宽两米多。城上架着土炮，密布枪眼，城外挖有护城沟，环绕四周，易守难攻。新集是敌人的顽固堡垒，鄂豫皖革命根据地之间的一根钉子。以前红军曾两次攻打都未拿下来。

旷继勋下定决心"不破此城，誓不罢休！"攻城开始，四门迫击炮一齐怒吼，炮弹阵阵落在城内，但命中很少。炮轰不行，

小故事

火牛战法

旷继勋担任红六军军长时，指挥部队攻克监利城。他决定采用里应外合和"火牛"破阵法攻取该城。

旷继勋命令大批侦察人员化装混入城内，和早已打入敌军内部的地下党员里应外合；同时通过监利和华容两县的地下党组织，发动少先队、游击队、赤卫队协助作战；还令后勤人员预先准备300头牛，给他们装扮起来，牛角捆上尖刀，牛尾上绑着稻草、破布和烂麻，再浇上煤油。

一切准备就绪后开始攻城。红军炮火一停，"整装待发"的火牛们就该上阵了，300头"火牛"尾巴上一着火，它们痛极而咆哮着，摇着头上的刀角，向城内冲去。敌人惊恐万分，边逃边喊道："火牛来了，逃啊！"

紧接着，红军战士奋勇冲入城内，追杀敌兵。作为内应的红军侦察员和地下党员掌握的两连敌军士兵又趁势起义，火烧了敌军司令部。敌人一片惊慌，四处逃命。红六军攻占了监利城。

今日新县

红军强行爬城,伤亡很大,也没有奏效。干部战士十分焦急。旷继勋和徐向前细致地察看了地形,又运用他在四川的战斗经验,制定了开挖地道,用炸药炸开城墙的方案。

他命令攻城部队利用靠近城墙的房屋作掩护,向城墙下挖坑道,经过几个日夜的奋力挖掘,把地道一直挖到北城墙底下。为了加强爆炸威力,旷继勋指示工兵买了两口棺材,置于城墙下的坑道内,装进3百多斤黑色炸药,还把几发山炮炮弹和废铁、旧秤砣等物也混合在里面,盖上盖子,用铁箍箍得紧紧的。再用7寸大铁钉死死钉住,将每个棺材钻开一个洞,插进一把线香做导火线。2月10日黄昏,旷继勋下令点香引爆,同时令围城的红军指战员作好攻城准备。只听"轰隆、轰隆"几声闷雷般的巨响,坚固的新集城墙终于被炸开两丈多宽的缺口,连架在城墙上的铁铸土炮也被炸飞了。红军指战员在一片喊杀声中,冒着浓烟冲进城内。经过3个多小时的巷战,将敌人全部歼灭,攻克了敌人这个顽固堡垒,拔除了鄂豫皖根据地中间的一根钉子,使得根据地连成一片,新集自此以后成为根据地的政治中心。

继新集大捷后,旷继勋和徐向前指挥红四军,采用"飘忽战略",又陆续取得了袭占李家集、柳林车站的胜利。1931年3月,旷继勋率领红四军和赤卫军发起双桥镇战斗,将敌三十四师岳维峻部围困在此,将敌人全部歼灭,俘敌师长岳维峻以下官兵5000余人,缴获长短枪6000余支,山炮等14门,取得鄂豫皖根据地创建以来的空前大捷。随后,旷继勋等指挥红四军主力,在全区军民的大力支援下,粉碎了敌人的第2次"围剿"。

胸怀大局 忍辱负重

1931年初,以王明为代表的"左"倾冒险主义路线统治了党中央。4月,王明派张国焘来到鄂豫皖苏区。张国焘全盘否定根据地的成绩,以

七里坪革命旧址

红安县七里坪

"右倾机会主义"等莫须有的罪名,撤了旷继勋红四军军长职务,改任红十三师师长,但他不计较个人得失,指挥红十三师拔除了光山西南的打银尖、大山寨等十余座反动地主堡垒,有力地保卫和巩固了苏区。

不久,旷继勋被派到皖西。经过艰苦的工作,组建了红二十五军,旷继勋任军长。1931年11月7日,旷继勋奉命率红二十五军到达红安县七里坪,与徐向前率领的红四军会合,成立了中国工农红军第四方面军。徐向前任总指挥,旷继勋仍任红二十五军军长,他指挥部队参加了商南、苏家埠等战役,取得了辉煌胜利。1932年5月,旷继勋率部奇袭霍邱成功,将缴获的大量布、米、盐等物资供给红军部队,为巩固、扩大根据地作出了贡献。

1932年7月上旬,敌人指挥大部队围攻霍邱,旷继勋根据霍邱宜攻不宜守的战略特点和敌强我弱的不利局面,向张国焘提出主动放弃霍邱,不争一城一池的得失。但张国焘却高喊"保卫苏区",强令死守该城,要求"不让敌人占领一寸土地"。旷继勋不得不执行命令,为加强城防,他把守城红军和地方赤卫队作了妥善部署,并把县委机关和县妇联的人员以及城中妇女老小,撤出城外,送到了根据地,并急调两师回援。

旷继勋指挥守城部队,与敌激战5昼夜,伤亡惨重。增援部队也被敌人阻截。最后,因敌众我寡,北城被敌人突破,旷继勋冒着枪林弹雨,

在城墙上、掩体内指挥部队奋力反击。指挥中还被流弹打伤,因敌众我寡县城陷落。

霍邱失守,完全是张国焘的错误决策所致。可他却倒打一耙,以霍邱失守的罪名撤销了旷继勋红二十五军军长的职务。旷继勋虽然遭到令人难以忍受的委屈和迫害,但他仍胸怀大局,毅然随红二十五军与皖西地方武装,在南起英山,北到麻埠的广阔战线上与敌作战。不久,陈赓负伤,旷继勋接替他担任十二师师长,随大部队转战于鄂陕边界。在杨虎城和胡宗南部队前后夹击下,十二师遭到重大损失。旷继勋因此被张国焘撤去师长职务。

诬陷杀害 烈士待遇

1932年10月,红四方面军撤离鄂豫皖根据地向川陕边转移,12月9日,当红四方面军到达陕南城固县小河口时,曾中生、旷继勋等人,商议派人到上海党中央告发张国焘的错误,要求党中央迅速采取措施加以纠正。后因事泄未能成行,改由曾中生向张国焘书面陈述大家意见,强烈要求迅速入川建立革命根据地。这样就迫使张国焘于12月10日召开了部队师以上的干部会议,听取大家意见。张国焘在会上口头表示欢迎大家的意见,暗中却怀恨在心,借机对旷继勋等人进行打击迫害。

12月下旬,红四方面军进入川北,迅速解放通江县城,成立了川陕省临时革命委员会。因旷继勋在四川很有影响,对情况又熟悉,被任命为该委员会主席。旷继勋受命后,积极筹备成立川陕省工农民主政府,发动群众,进行土地革命。为了分化瓦解敌人,他利用军阀部队中的同僚关系积极开展统战工作,宣传共产党的政策,以击破主要之敌,使红军在川陕边站稳脚跟,建立和发展根据地。

旷继勋这些正确主张,遭到忠实执行王明"左"倾路线的张国焘的坚决反对,并诬陷旷继勋"右倾"。于是利用"肃反"之机,将他由川陕省临

蓬溪县的旷继勋纪念馆

时革命委员会主席,降任为通江县军事指挥长。

张国焘与四川军阀杨森互派代表,进行互不侵犯的谈判。张国焘指示旷继勋利用他与杨森的旧关系,给杨森去信。其实这是张国焘设下的一个陷阱。等旷继勋把信发出,张国焘即派人将此信查获,作为整旷继勋的材料,下令逮捕旷继勋,强加给他的罪名是"勾结杨森"、"准备投敌叛变",诬陷旷继勋是"国民党改组派",于1933年6月在没有上报中央,没有合法审讯的情况下,将他秘密杀害于四川通江洪口场。

1937年3月,党中央批判张国焘时,毛泽东曾指出:"旷继勋是好同志,被张国焘错误迫害,应做烈士待遇。"1938年,在党的六届六中全会上,毛泽东又说:"四方面军一案,错误的是张国焘,大部分干部是好的,对张杀害的同志旷继勋与曾中生等,应予平反。"自此,烈士沉冤得到昭雪。

杨 殷
(1892-1929)

荣　　　誉： 中国共产党早期活动家
出　生　地： 广东省香山县(今中山县)
民　　　族： 汉族
诞　　　辰： 1892年8月12日
逝世纪念日： 1929年8月30日
牺　牲　年　龄： 37岁

　　杨殷，中国共产党早期的革命活动家、省港大罢工和广州起义的重要领导人之一，曾任中共第六届中央委员、政治局候补委员、政治局常委和中央军事部部长，对我国工人运动、广州起义及党的早期情报工作作出了卓越贡献。

　　杨殷，字孟揆，又名梦夔、夔礼、典乐，1892年8月12日诞生于广东省香山县(今中山县)翠亨村一个富裕家庭。杨殷的堂叔杨鹤龄是孙中山的同学和密友，杨殷在少年时代受杨鹤龄民主革命思想的熏陶，对孙中山不屈不挠、坚持奋斗的革命精神十分崇敬。杨殷因在学校宣传反帝反清的思想而被开除。

共和勇士

1910年，杨殷离开家乡到广州圣心书院读书。1911年肄业，加入孙中山领导的同盟会，投身于革命活动，先后在广州、香港、澳门等地参加同盟会南方支部的工作，为推翻清朝封建统治而奔走。辛亥革命的胜利，使他欣喜若狂。

可是，辛亥革命的胜利果实为北洋军阀头子袁世凯所窃夺，无数革命烈士的头颅和鲜血只是换得了一个假共和。杨殷深为革命失败而惋惜，更为帝国主义和袁世凯的倒行逆施所激怒，常对友人说：有能振奋中国压倒帝国主义者，虽毁家纾难，粉身碎骨亦在所不计。他坚持在孙中山领导下进行反袁斗争。

1917年9月，孙中山在广州建立了与北洋军阀政府对峙的"中华民国"护法军政府，被举为大元帅。杨殷任孙中山军政府卫队副官，兼大元帅府参军处参谋，积极参加护法斗争。

1922年秋，由杨章甫、梁复然介绍，杨

杨殷故居

广州大元帅府

小故事
刺杀上海镇守使

1913年3月，革命党重要领导人宋教仁被袁世凯派人刺杀于上海车站。

袁世凯的忠实爪牙郑汝成任上海镇守使，镇压革命，欺压人民，无恶不作。

杨殷决心为民除害，为革命党人报仇，经秘密筹划，在会党的掩护下，杨殷趁郑汝成骑马过市时，突然掷出手中的炸弹，将郑炸伤。他迅即潜入附近理发店假装理发，安然脱险。

粤汉铁路总工会会员证

1925年,罢工的香港、广州工人和各界群众10万多人举行游行声援五卅运动。

省港罢工时的工人纠察队

殷参加了中国共产党。

领导工运

1922年底,党组织派杨殷到苏联参观学习。这使他受到深刻的教育和巨大的鼓舞,更坚定了为实现共产主义而奋斗的信念。

1923年初,杨殷从苏联回国,在广东从事工人运动,并根据国共合作的需要任国民党广州市第四区分部执委兼秘书。

1924年春,杨殷受中共广东区委派遣,到粤汉、广九、广三铁路从事工人运动。他深入铁路工人中,相继在铁路工人中建立了总工会和党的基层组织,使广东铁路工人逐渐成为一支坚强的革命力量,在省港大罢工、平定商团叛乱、北伐战争和广州起义中发挥了重要作用。同年冬,他到香港开展工人运动。

1924年5月1日,广州各行业工会联合召开了广州工人代表大会,决定设立广州工人代表会执行委员会,刘尔崧当选为主席,杨殷任顾问。大会通过了20个决议案。全市17万工人参加庆祝"五一"劳动节和广州工人代表大会成立的游行,标志着广州工人运动在我党领导下开始走向统一。

1925年1月,杨殷在上海出席党的四大,并在大会上介绍广东工人运动的情况。同年3月起任全国铁路总工会广州办事处顾问。

1925年上海"五卅"惨案发生后,同年6月,以周恩来、谭平山、罗亦农、陈延年等人组成的中共广东临时委员会指派邓中夏、杨殷、杨匏安、苏兆征等组成"党团",组织领导广州、香港两地工人的大罢工,声援上海。杨殷利用在广州、香港的社会关系,深入工会和工人群众中做组织发动工作。

省港大罢工爆发后,杨殷作为组织者和领导者之一,带领部分罢工工人从香港回到广州,为省港大罢工坚持斗争达一年零四个月,并为最终取得胜利作出了重要贡献。因此,后来党中央称杨殷"是中国历史上最有名的广东省港大罢工的领导者"。

1926年起,杨殷任中共两广区委委员、区委监察委员会书记。1926年1月,中国国民党在广州召开第二次全国代表大会。右派阴谋在大会期间暗杀共产党人和国民党左派,破坏国共合作。广东区委决定派杨殷负责大会的保卫工作。杨殷选调一批政治可靠,受过军事和武术训练的工农骨干,组成特别保卫大队,自任大队长,日夜加强保卫工作,保证了大会的顺利进行。

1926年上半年,蒋介石接连制造了中山舰事件和"整理党务案"。杨殷坚决主张反击蒋介石的反共阴谋活动,指出:"可合作则合作,不可合作可分开,"表示要坚持我党的独立性。

情报工作

"八七"会议后,张太雷、杨殷等组成临时南方局,杨殷任中共广东省委常委兼省革命军事委员会主任、中共中央南方局委员。曾亲自参加琼崖特委扩大会议,决定举行海南的秋收起义,并为广州武装起义做好准备。

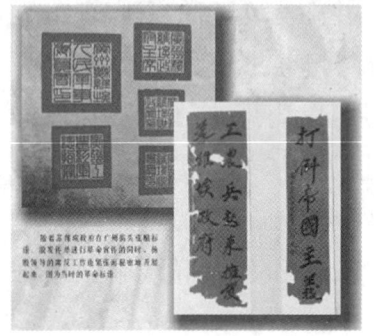

广州苏维埃政府部分印章和起义标语

广州英雄广场上的杨殷塑像

广州起义纪念碑

杨殷也是我党早期情报工作的领导人。大革命失败后，他派党员黎胜打入敌广州市公安局当特别侦缉，杨殷又发展了敌公安局长朱晖日和公安局秘书长的汽车司机陈添、梁暖入党，为党提供了不少重要情报。

广州起义前夕，杨殷了解到周文雍被捕后的住地，经过周密安排，将周文雍救了出来。杨殷很注意情报交通人员的培养和使用。他把参加过省港大罢工和广州起义的李少棠培养成了一个出色的情报交通员。木匠出身的郑全，也是杨殷培养的一个情报员。他在省港大罢工和广州起义中协助杨殷掌握斗争动态，后又打入广州卫戍司令部谍报科，为党收集情报。"四一五"后，香港地区工委书记梁桂华，因叛徒出卖被香港当局逮捕，杨殷通过各种关系，把梁桂华营救出来，带到澳门，使梁安全脱险。

为了传递情报，杨殷经常派年仅十一二岁的女儿杨爱兰携带情报来往于港澳。杨殷机警应变。有一次，他同梁复然由香港去海南岛，在船上被敌探发现。他果断地与梁分手，甩掉敌探，提前下船，脱离了险境。工人群众非常关心杨殷的安全，特地为他做了一个夹层箱，便于携带秘密文件和自卫武器。这个夹层箱子，现在陈列在国家博物馆。

广州起义

1927年11月22日,广东省委依照中央指示决定举行广州起义,成立了领导起义的总指挥部,张太雷任总指挥,杨殷参加了起义的领导,负责总指挥部的参谋团工作,收集情报,在叶挺未到广州之前,协助军事技术的指导和制订起义的行动计划。他还与周文雍等人把秘密工人武装统一组编为工人赤卫队。杨殷负责指挥西路起义军。

12月7日,张太雷、杨殷等在广州召开了工农兵代表会议,决定于12月13日举行起义。后因反动分子泄漏日期,改在11日凌晨举行。

10日上午,杨殷赶到黄沙阶砖巷秘密联络处召开了西路起义军领导骨干紧急会议,传达了提前起义的决策。接着,又赶到禺山市场出席了叶挺召开的参谋团军事会议。杨殷在会上详细报告了参谋团掌握的情报。晚上8时,杨殷和周文雍又到谭新街联络点召开西路起义军会议,进行部署,抽调粤汉、广三铁路工人中的骨干组成敢死队,配合教导团攻打市中心的公安局,要求西路工人赤卫队打下黄沙、石围塘车站后,接应农军进城,并控制广州外围。会上,杨殷强调起义队伍要勇敢机智,立即肃清反革命,防止敌人破坏。

12月11日凌晨3时,广州起义爆发。广州苏维埃政府在战斗中宣告成立,杨殷任人民肃反委员,在苏维埃首次会议上报告了肃反工作情况。会后,下令处决了一批反革命分子,并通知各路起义军加强肃反工作,维持革命秩序,控制交通。他又布置参加攻打公安局的铁路工人敢死队,迅速返广三、粤汉、广九等铁路,占领和守住车站,切断敌人运输,阻滞敌军反扑广州,同时调机车接运郊区农军进城,援助起义军。杨殷这些布置,在起义中发挥了重要作用

12日中午,张太雷不幸中弹牺牲。杨殷继任广州苏维埃代理主席。

13日,在敌我力量过于悬殊的情况下,为了保存力量,起义军决定

撒出广州。杨殷一直坚持指挥赤卫队作战，直到敌军已逼近公安局，他才率十几名赤卫队员突围撒出广州，前往海陆丰，与彭湃等共同坚持和扩大海陆丰的武装斗争。

广州起义失败后，杨殷和其他起义领导人一样，都受到错误的批判和党纪处分。杨殷不计较个人委曲荣辱，仍然全力以赴地处置起义的善后工作，积极接待安置到港的同志。那时，许多同志流落港澳，生活无着，遇难者家属亟待抚恤。他耐心教育大家要坚定革命必胜的信心，指出"起义是失败了，但血是不会白流的，现在已是腊月残冬，春天不是就要来了吗！"鼓励大家"更努力为准备我们的力量，为死难的工友、农友、士兵报仇，为先烈遗留给我们的苏维埃而奋斗！"

不久，党中央纠正了"左"的惩办主义错误，1928年4月13日省委举行扩大会议，杨殷又当选为省委委员。

龙华就义

1928年6月，杨殷出席了在莫斯科举行的党的第六次全国代表大会，当选为政治局候补委员、中央政治局常委候补委员。会后回国，在上

广州起义失败后昂首走向刑场的女共产党员（带围巾穿半高跟鞋子）

海党中央工作。同年11月起任中央政治局委员、常委。

1929年1月起,杨殷任中共中央军事部部长、中共中央军委委员、中共中央军委主任兼中共江苏省委军事部长。在上海工作期间,他与周恩来、蔡和森、苏兆征、李立三等领导人一起,经常研究部署各地的武装斗争和红军的领导工作。他曾亲自到山东、安徽、江苏等地,指导武装斗争,建立和发展革命武装,严惩出卖革命的叛徒和内奸,回击国民党特务的暗杀和破坏,为我党的军事工作作出了贡献。

1929年8月24日,杨殷与彭湃、颜昌颐、邢士贞等在上海新闸路经远里开会时,由于叛徒白鑫的告密,被帝国主义巡捕房逮捕。党中央和周恩来全力进行营救,计划在引渡押解到龙华警备司令部的途中把彭、杨等抢救出来,但没有成功。

在敌人的刑庭上,杨殷以共产党人的凛然正气同敌人斗争,痛斥国民党反动派的反革命罪行,宣传我党的政治主张。在狱中,他不放弃一切为党工作的机会,不断地向难友和看守士兵宣传革命,揭露帝国主义和反动派的丑恶行径,谈至痛切处,许多群众和士兵为之感动,有的竟捶胸落泪,痛骂国民党新军阀。杨殷等人常常高唱国际歌,鼓舞狱中同志的斗志。

杨殷和彭湃还通过关系,向党中央报告了被捕情况,并提出了斗争的对策,表示要尽量设法做到使被捕的五人都免于死刑,如果这一条不能做到,则只好牺牲无法挽救的彭湃、杨殷二人,而设法救出其余三人。他们还写信给周恩来和党中央,希望党内重要负责同志要为党惜身;希望对于党内犯错误的同志,要多从教育上下工夫,以教育全党。最后,彭、杨劝同志们不要因他们的牺牲而伤心,希望大家保重身体。信中说:"我们已共同决定临死时的宣说词了。我们未死的那一秒以前,我们努力做党的工作,向士兵宣传,向警士宣传,向狱内群众宣传。"表现了共产党员至死不渝的理想信念。

8月30日下午,国民党反动派把彭、杨、颜、邢四同志秘密杀害于

杨殷烈士证

上海警备司令部内。杨殷临刑时一如往日镇静自若,笑着说:"朝闻道,夕死可矣!"慷慨地向士兵及在狱群众说了最后赠言,唱着国际歌,高呼口号,英勇就义。

杨殷等四烈士牺牲后,周恩来万分悲痛,教育大家要继承烈士遗志,坚持革命,并提出要用革命的手段镇压反革命,为烈士报仇,为党除奸,决定惩处叛徒白鑫。不久,他指挥特科同志终将白鑫和国民党特务数人击毙。

1933年10月,中华苏维埃共和国中央革命军事委员会决定,将中国工农红军第一步兵学校命名为中国工农红军彭(湃)杨(殷)步兵学校。

杨闇公
(1898–1927)

荣　　　誉：中国共产党四川省第一任省委书记
出　生　地：四川省潼南县(今属重庆市)
民　　　族：汉族
诞　　　辰：1898年3月10日
逝世纪念日：1927年4月6日
牺 牲 年 龄：29岁

　　杨闇公,中国共产党四川省第一任省委书记。他和亲密战友吴玉章、童庸生、刘伯承、朱德等一道,在第一次国内革命战争时期,主动地、创造性地发展了经济文化滞后的四川地区的革命形势,并继上海三次武装起义后,发动了另一次规模较大的泸州顺庆起义。

　　杨闇公,又名杨尚述,1898年3月10日出生于四川省潼南县(今属重庆市)双江镇一个封建大家族中。

杨闇公故居

杨闇公(后排右)、童庸生(后排左)等合影

小资料

四川共产主义运动先驱者：童庸生

童庸生(1899-1938)，又名童鲁，重庆巴县人。

1922年10月与李硕勋、阳翰笙等组建成都地方团组织，任书记部主任。

1923年初返渝参加社会主义青年团重庆地委，与杨闇公、罗世文等领导成立重庆反帝国主义联盟、四川平民学社等革命团体。

1925年春由团员转为中共党员，3月赴北京参加国民会议促成会，10月赴广东参加国民党二大。

1926年2月中共重庆地委成立后任共青团重庆地方执行委员会书记，负责全川团的工作，曾参与领导"泸顺起义"。后被党组织派往苏联留学。

1930年回国，从上海乘船返川途中于江西九江失踪。1945年被中共中央组织部追认为革命烈士。

1913年，杨闇公入南京军官教导团学习。1917年东渡日本，先就读于成城学校补习日语，1918年转入日本士官学校，仍攻读军事。在成城公学读书期间，杨闇公积极参与组织留日同学读书会，开始接触和阅读马克思主义的书刊。日本警视厅却以读书会未经学校当局批准为借口，拘留了杨闇公。几天后，无罪释放。

1919年五四运动的消息传到日本后，他积极参加留日中国学生和华侨举行的集会和请愿示威，曾因此被日本警视厅以所谓"违反治安罪"判处八个月徒刑，出狱后于1920年秋被迫回国。

寻求真理

1920年秋，杨闇公经上海回重庆。在家中，他说服父亲解除对子女的封建礼教束缚，允许姊妹和侄女们跨出家门，走向社会，接受新思想。他购买了许多新书报给弟妹们阅读，引导他们关心国家大事。在他的提倡下，几天之内，从老母亲到年轻的姊妹，都把裹脚布拿掉烧毁了。

1921年冬，杨闇公去成都，参加了成都留日学友读书会。

1922年，杨闇公结识了成都社会主义青年团负责人之一的童庸生，彼此关系十

杨闇公（第二排左一）、萧楚女（第二排左二）、童庸生（第三排右二）、罗世文（第三排右三）等中共重庆地方党团组织负责人合影。

分密切。同年加入中国社会主义青年团。

　　杨闇公通过成都留日学友读书会，认识了成都高等师范学校校长吴玉章。吴玉章在四川有很高的威望，深受进步青年的仰慕。杨闇公非常尊敬吴玉章，认为他学识有根底，绝非一味大言欺人，口上挂招牌之辈所能比拟。

　　杨闇公和吴玉章等人以成都高等师范学校为基地，积极开展革命活动。他们组织进步学生深入工厂，发动工人罢工，并组织工会；深入农村，发动农民，组织农会。这时，恽代英因在泸州进行革命活动时被军阀扣押，吴玉章便去电泸州保释恽代英，后来又请他到成都高师任教。

　　经吴玉章介绍，杨闇公与恽代英相识。1923年秋，吴玉章介绍杨闇公与刘伯承相识。刘伯承于这年8月，作为川军第一军第二混成旅的团长，率部队在大足县同吴佩孚派来侵川的黔军激战受伤，正在成都就医。杨闇公对刘伯承十分钦佩，认为他机警过人，很勤学，头脑异常清晰，又兼有远大志向，确是不可多得的人才，故把他当做自己最折服的朋友。杨闇公常常同吴玉章、刘伯承在一起谈论时事，研究革命问题。

　　1924年1月12日，杨闇公与吴玉章等人建立共产主义的组织——中国青年共产团，研究社会主义，开展马克思主义的宣传和反帝反封建的革命活动，同成都地区的社会主义青年团一起开展工人、农民和学生运动。他们的活动遭到反动军阀的破坏和武力威胁。

开国英模

五四时期的吴玉章

小资料

吴玉章

吴玉章（1878—1966），中国无产阶级革命家、教育家。原名永珊，字树人，1878年12月30日出生于四川省荣县双石桥蔡家堰。

吴玉章于1903年东渡日本，后加入同盟会。1911年回国，参加辛亥革命。1915年在法国与蔡元培等倡办留法勤工俭学会。1922年到1924年任成都高等师范学校（四川大学前身）校长。1925年在北京加入中国共产党。1927年参加南昌起义，任革命委员会委员兼秘书长。同年10月去莫斯科中山大学特别班学习，曾任东方大学中国部主任，并参加共产国际第七次代表大会。1938年回国，后任鲁迅艺术学院院长、延安大学校长、陕甘宁边区政府文化委员会主任、中共四川省委书记、华北大学（今中国人民大学）校长。1949年参加中国人民政治协商会议第一届全体会议，参与中华人民共和国的筹建，任中央人民政府委员，出席开国大典。

新中国成立后任中国人民大学校长、中央社会主义学院院长、中国教育工会主任、国务院文字改革委员会主任。第一、二、三届全国人民代表大会常务委员。是中国共产党第六、七、八届中央委员。

同年5月，他被迫离开成都到重庆，参加了中国社会主义青年团重庆地区的组织活动。

杨闇公十分勤奋好学。他在从事革命活动的同时，一早一晚都要刻苦攻读。他在日记中写道："今后拟从事学业，晨起须读二、三小时的书……以免将来应用时生多少缺憾。"他为自己规定的读书目的是探索人生的真正价值和意义。

6月，杨闇公离开重庆前往中共中央所在地上海，寻求中国共产党的指导。在上海，他见到了中国社会主义青年团中央委员兼宣传部长恽代英，对恽代英强调的革命工作要从实际入手，重视行动的主张非常赞同。

8月，他回到重庆，担任中国社会主义青年团重庆地方执行委员会组织部长，同年冬加入中国共产党。

川蜀风暴

1924年秋，全国各大城市纷纷建立反对帝国主义大同盟，掀起爱国反帝运动新高潮。杨闇公和萧楚女等也发动重庆工人、学生和各界爱国群众，建立了四川反帝大同盟，开展爱国反帝的宣传。同年11月，在他们的领导下，成立了青年团的外围组织——四川平民学社,总社设在重庆。四川平民学社开办了平民学校,出版了刊物——《爝光》,广泛地联系并发动了群众。杨闇公和萧楚女还发动各校进步学生组织许多社团或读书会,引导他们学习革命理论,研究社会问题,走上革命道路。

1924年11月19日,日本商船"德阳丸"在重庆私贩劣币,扰乱市场金融。重庆军警团督察处派员上船搜查,竟遭日船人员殴打,其中四名检查人员还被抛入江中淹死。这就是震惊一时的"德阳丸案"。事件发生后,萧楚女、杨闇公等四处奔走,联络各团体组织了抗议"德阳丸"暴行的重庆人民外交后援会。他们还通过四川平民学社广泛动员群众,向日本帝国主义及其走狗四川军阀展开斗争。12月13日,重庆市各界人民举行声讨"德阳丸"暴行的群众集会,会后举行示威游行并到军阀政府请愿,杨闇公被推举为请愿的总代表。

1924年12月,孙中山接受中国共产党的建议自广州北上,呼吁立即召开国民会议,制定宪法,反对军阀专制,废除不平等条约。中国共产党于孙中山北上的同时,在全国发起召开国民会议和废除不平等条约的群众运动。杨闇公非常锐敏地看出了国民会议运动的重要性。他根据中共中央关于开展国民会议运动的指示,多次与童庸生、罗世文等分析形势,研究对策,确定了在重庆地区开展国民会议运动的策略。

这段期间,杨闇公夜以继日地紧张工作。他写文章、作讲演、主持会议、指导基层的活动,简直忙个不停。

由于有了杨闇公等的周密筹划和一个多月来群众工作打下的基础,重庆国民会议促成会于1925年1月18日正式成立。杨闇公被推举为负责人之一。杨闇公又排除了国民党右派人物的干扰,使国民会议促成会顺利地选出代表去北京参加国民会议促成会全国代表大会。2月27日,重庆国民会议促成会召开群众大会,到会者有14000多人,其中工人占一半以上。杨闇公是大会主席,他报告了促成会成立的经过并阐述了开展国民会议运动的重大意义。

开国英模

小故事

杨尚昆的引路人

杨闇公在革命工作十分繁忙的情况下,仍然非常关心弟妹和侄儿侄女们的进步与成长,仅在重庆的弟妹和侄女中参加共青团和共产党的就有六七人。杨闇公的五弟杨尚昆于1979年12月回忆当时的情景说:"那时我家可以成立一个支部。"

1924年,杨尚昆还在成都高校附中读书时,杨闇公介绍他同一些进步青年结识,并参加他们组织的读书会。1925年,杨尚昆到重庆后,杨闇公经常叫他从事刻蜡纸、印文件、给党内同志送信当"交通"等实际工作。中共重庆地委常在杨闇公家中开会,有时作记录的同志不在,杨闇公在征得与会同志的同意后,便叫他作会议记录。杨尚昆在实际斗争的锻炼中迅速成长起来。

1926年,杨尚昆要去上海求学,父亲和二哥认为国家贫穷落后,只有发展工业才能救中国,主张让他去学工;杨闇公却不同意。他说,国家惨遭帝国主义和官僚军阀的压迫和剥削,靠工业救国只是幻想,唯有革命才能救中国。杨闇公力主五弟进入中国共产党领导创办的上海大学。结果,杨尚昆进入了上海大学社会科学系。行前,杨闇公把五弟托付给一位地下党员,并让五弟带去了给中共江浙区委书记罗亦农的一封介绍信。不久,杨尚昆即被党派往莫斯科中山大学学习。

自从国共合作以来,萧楚女、杨闇公和童庸生等利用统一战线这个有利条件,广泛发动群众,开展了一系列的反帝反封建的革命斗争,初步培养了一批革命骨干,发展了共青团的组织,并为筹建中共四川省一级的领导机构做了大量准备工作。

1925年的春天,杨闇公担负起了我党在重庆地区的组织工作方面的任务。

1925年5月30日,发生了上海公共租界的英国巡捕开枪屠杀中国人民的惨案,这就是震惊中外的"五卅惨案"。消息传到重庆,激起了全市人民的极大义愤。杨闇公同冉钧、罗世文等党团组织的负责人一道,领导各进步团体成立反抗英人惨杀上海华人重庆外交后援会,并组织共青团员和爱国学生到群众中去开展宣传活动,广泛地揭露帝国主义的暴行。经过杨闇公等的筹划和发动,重庆市的工人、学生和市民于5月25日,举行大规模游行示威,并散发传单,向帝国主义提出强烈抗议。英、日帝国主义企业中的工人,开展了罢工斗争。

喋血浮图关

1926年2月底,经中共中央批准,中共重庆地方委员会(即中共四川省委)成立,杨闇公被选为书记。不久吴玉章来到重庆,当时,刘伯承也住在重庆浮图关(刘伯承经杨闇公介绍加入中国共产党,杨闇公曾要他去广州看一看,他就在黄埔军校当了教官)。杨闇公、吴玉章、刘伯承三人遵循中共中央的指示,决定由杨闇公负责发展共产党的组织和开展工农运动,吴玉章负责继续整顿四川国民党的组织并在中上层人物和军队中进行工作。

在几个月的时间内,许多县、市都成立了国民党党部,重庆、成都等地均组织了工会,有组织的工人达三四万人,营山、南川等地建立了县农民协会。兵运工作亦有相当进展,中共重庆地委已争取并掌握了部分旧部队,使之有的同情革命,有的在后来参加了中共重庆地委所领导的武装起义。

9月5日,正当北伐军打到武汉时,发生了英国军舰在万县向中国军民开枪开炮,造成数百间房屋被毁,近千人伤亡的"万县惨案"。杨闇公领导的中共重庆地方委员会立即发动群众,成立"万县惨案重庆雪耻会",召开市民大会,举行10万多人参加的示威游行和罢工斗争。

1926年11月,以杨闇公为书记,刘伯承、朱德为委员的中共重庆地委军事委员会成立,领导和组织泸顺起义。泸顺起义的爆发震惊全川,封建军阀的反动统治为

1925年,杨闇公与夫人赵宗楷在重庆张家花园合影。

杨闇公、赵宗楷与长女合影。

开国英模

杨闇公之墓

杨闇公（浮雕）

之动摇，搞得军阀们神魂不定，有力地支持了北伐战争的顺利进军。

1927年3月31日，在杨闇公与同志们的组织领导下，重庆市群众在打枪坝集会，抗议英、美帝国主义军舰炮轰南京城的罪行。四川军阀刘湘派军警镇压，酿成死137人，受伤者在千人以上的重庆"三三一"惨案。惨案发生之后，他受到反动当局的追捕。

4月4日，他在赴武汉的轮船上被捕。反动派对他威逼利诱和残酷折磨，但他大义凛然，宁死不屈。敌人以死威胁："难道你不怕死吗？"他回答道："你们只能砍下我的头，可绝不能丝毫动摇我的信仰。我的头可断，志不可夺！"4月6日深夜，敌人将他押至浮图关秘密处死。

临难前，杨闇公痛斥军阀，高呼："打倒帝国主义！""打倒军阀！""中国共产党万岁！"反动军阀害怕暴露了杀害杨闇公的罪行，便布置刽子手围着杨闇公刀刺棒打。为了阻止杨闇公继续呼喊革命口号，匪徒们首先割去他的舌头，可杨闇公仍用鼻子哼斥，用眼睛怒视，用手指比划，以表示对敌人的无比仇恨。这位英勇不屈的共产主义战士全身都迸发出战斗的火花。暴徒们的兽性发作了，他们丧心病狂地挖掉了杨闇公的双眼，砍断了他的双手，最后还向他射出了三发子弹……中国共产党四川地方委员会书记，英勇不屈的共产主义战士，中国人民的忠诚儿子——杨闇公壮烈牺牲了。他以29岁的壮丽青春，谱写了一曲气贯长虹，惊天动地的正气歌。

萧楚女
(1893-1927)

荣　　　誉：早期青年运动领袖
出　生　地：湖北省武汉市
民　　　族：汉族
诞　　　辰：1893年4月
逝世纪念日：1927年4月15日
牺 牲 年 龄：34岁

　　萧楚女，早期青年运动的领袖。他家境贫寒，无力上学，走出了一条自学成才的道路，并最终成了著名马克思主义理论的宣传家。

流浪少年

　　萧楚女，原名树烈，学名楚汝，字秋，原籍湖北黄陂。1893年4月出生于湖北汉阳鹦鹉洲两湖河街一个破产的木商家里。

1903年,萧楚女10岁时,父亲病逝,在亲戚的帮助下,萧楚女进了私塾。萧楚女12岁时,由于水灾、火灾,全家赖以生存的几间破屋荡然无存。一家人实在无法活下去了,妈妈只好将萧楚女送到向德堂木行当学徒。

萧楚女在向德堂木行里,白天的劳动,累得他精疲力竭,到夜晚,回到后堂,他又要替老板娘洗裹脚布,打洗脚水,擦烟袋,倒痰盂,拖地板。

非人的生活,将萧楚女折磨得骨瘦如柴。他哭着向妈妈说:"妈!我实在受不了这个罪。是死是活还是让我到外面去闯闯吧!说不定还可以找到一条出路。"13岁的萧楚女就这样离开了他的故乡,在鄂、苏、皖、浙等沿江城市开始了流浪的生活。他在长江轮船上当过杂工,在镇江靠作小贩度日,在芜湖一家酱园当过学徒,还在街头卖过报,当过排字工人。

萧楚女在长江沿岸,历尽了千辛万苦,仍然找不到出路,不得不回到久别的故乡。辛亥革命时期,萧楚女在湖北新军当兵,1911年10月参加武昌起义,一只耳朵被炮声震聋。辛亥革命后,他不满袁世凯篡夺胜利果实和革命党人争权夺利,愤然退伍。

加入共产党

在实业救国的思潮影响下,萧楚女考入了武昌实业学校学习蚕桑专业。毕业后,在《崇德报》和《大汉报》任编辑,经常用"楚女"笔名发表文章,无情鞭挞袁世凯政府的反动统治,倾诉其对国家前途的忧愤,他文才横溢,下笔成章,被报馆同仁誉为"打字机"。

为了充实自己,每天工作之余,他就到武昌中华大学去旁听,既不交学费,也不办什么手续。燕雀不知鸿鹄志,一般纨绔子弟讥讽萧楚女是"读揩油书"。对于这些无耻的谰言,萧楚女没有时间和精力去计较它。他要竭尽全力向真理的海洋、知识的河流穷原竟委。

在中华大学旁听期间,他结识了恽代英。恽代英是中华大学文学系

《大汉报》

的学生，1918年毕业后留校担任中学部主任。恽代英在学校里积极从事进步活动，团结一批进步青年，组织革命团体"互助社"，出版革命刊物《互助》，是学校里有威望的教师和学生运动的领导者。萧楚女是旁听生，没有正式学籍，不受学校规章制度的约束，可以机动自由地听课和参加学校一些活动，因此有机会在各种进步活动场所与恽代英接触。两个青年人都怀有改造社会的雄心壮志，都有把自己青春献给人类解放事业的决心。因此，虽系新交，竟成莫逆。

1920年初，萧楚女参加恽代英组织的"利群书社"，开始走上有组织的斗争道路。同年9月，到襄阳任省立第二师范学校国文、物理、哲学教员。教学中，他鼓励学生学习新文学和鲁迅作品，组织"乡俗改良会"，开展移风易俗的宣传活动。

1921年7月，萧楚女加入了恽代英发起和领导的"共存社"。随后，萧楚女便离开了二师，回到武汉。经恽代英介绍，萧楚女于1921年秋到安徽省宣城第四师范学校任教，与恽代英一起开展青年运动，提出了"到民间去"和"改革社会"的口号。1922年5月，他因发动各界群众参加五一国际劳动节纪念活动，遭反动学监唐石亭告密，被迫离开宣城，回到武汉。

1922年8月，萧楚女由恽代英、林育南介绍参加了中国共产党。

《新蜀报》

> **小故事**
>
> **萧楚女的"楚女启事"**
>
> 　　1923年,党派萧楚女去四川开展工作。他应邀担任《新蜀报》主笔,几乎每天都以"楚女"之名发表文章。由于他文笔潇洒俊逸,逻辑性极强,所以很快就名声远扬。一些男青年猜测"楚女"一定是"楚楚动人之女子",于是求爱信像雪片似的飞到编辑部,弄得萧楚女啼笑皆非。于是,萧楚女便在报上登了一则启事:"本报有楚女者,绝非楚楚动人之女子,而是身材高大、皮肤黝黑并略有麻子之一大汉也。"有人未见启事,精心修饰打扮后,到编辑部"约会"萧楚女。当看到竟是一黑大汉时,瞠目结舌,继而面带羞涩离去。萧楚女见状,大笑不已。

川蜀青运

　　1922年下半年,萧楚女经恽代英和林育南介绍,前往四川泸县川南师范任教。萧楚女到达泸县不久,因川南政局变化,改赴重庆联合中学任国文教员。此时,四川的学生择师运动蔓延全川,重庆、成都、泸县尤为激励。四川军阀采取高压手段,开除进步教师和敢于反抗的学生。面对当局的高压,萧楚女和王仲宣等联合一批进步教师进行抗议和揭露反动派的罪行。同时与熊禹治等创办"重庆公学",招收进步青年学生100多人,开学不久,即遭当局下令解散。萧楚女将封闭、解散公学的布告作为"最后一课"的内容,向学生进行宣读和分析,鼓励学生转入农村去开展宣传活动,寻找新的革命道路。

　　重庆公学被解散后,萧楚女于1923年初应刘明扬邀请到万县省立第四师范学校任教,他在学生中传播革命思想,组织读书会,秘密建立了万县地区最早的社会主义青年团组织。这年夏天,萧楚女从万县到重庆,任重庆女子第二师范学校国文教员。他还兼任《新蜀报》主笔,负责该报社论和时评,充分使用这一阵地,揭露封建军阀统治下的罪恶,分析产生这些罪恶的社会根源。萧楚女到《新蜀报》后,该报的革命观点日益明确,喊出了人民的呼声,受到四川人民的欢迎。

为了办好《新蜀报》,萧楚女呕心沥血,日夜操劳。白天他要担任繁重的教学工作和参加社会活动。晚上除了编辑报纸外,还要亲自为报纸写稿。向他约稿的地方很多。他要经常给《向导》、《中国青年》写稿。给《新蜀报》写稿就更多了。《新蜀报》每天刊出的政论或社论,绝大多数出自萧楚女的手笔。他的文章,笔锋犀利,战斗性很强。矛头所向,不是"指责土酋军阀,就是痛骂贪官污吏"。连反动派所控制的报刊也不得不赞叹萧楚女的文章是"字夹风雷,声成金石"。

萧楚女在四川的革命活动,日益引起四川军阀的不安。他们对萧楚女使出了各种阴谋诡计,都由于萧楚女机智地与之斗争和群众的反对而不能得逞。反动派黔驴技穷,准备对萧楚女下毒手。党组织获悉这一情况后,立即指示萧楚女暂时离开四川。适在其时,萧楚女的母亲在汉逝世,借着奔丧的机会,萧楚女于1924年1月,告别了嘉陵江畔的山城,一叶轻舟,出夔门,穿三峡,回到了他的故乡——汉阳。

1924年初,党派萧楚女第二次来到襄阳湖北省立二师,担任国文教师。为了表示与广大师生并肩战斗的决心,他对战友们说:"我母亲已经逝世,我没有包袱了,每个月有几块钱就可以生活了。"他经常利用教学的机会,向学生宣传马列主义。他给学生讲《共产党宣言》,生动地描述共产主义的宏伟理想,还鼓励学生要为共产主义事业而奋斗。

1924年秋,党中央任命萧楚女为四川特派员,派他再次入川领导重庆社会主义青年团和四川的革命斗争。他重返重庆后,仍在《新蜀报》和省立第二女子师范任职。

1924年10月,在萧楚女、杨闇公的领导下,成立了"四川平民学社"。这是一个遍及全川的革命性的群众组织。总社设在重庆,在綦江、南川、内江、江津、成都、泸州、叙府、顺庆等县设有分社。参加这个"学社"的成员多数是各校的学生,也有少数青年工人和青年店员。"学社"

萧楚女

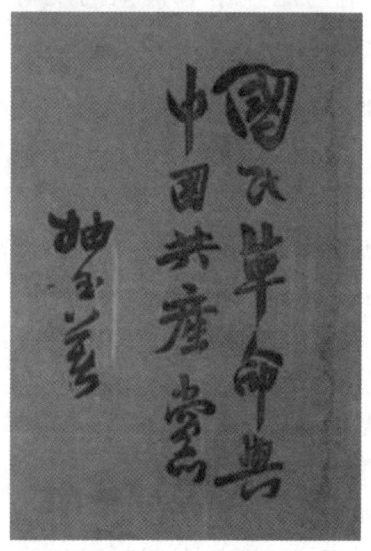

萧楚女著《国民革命与中国共产党》

的任务是"研究一切政治经济社会科学和社会问题","参加一切改造社会的运动"。学社还出版了自己的刊物——《爝光》。萧楚女亲自为该刊写文章。由于《爝光》宣传革命思想,针砭时弊,刺痛了反动派,只出了三期,便被四川军阀王陵基查封了。

1924年11月,日轮"德阳丸"包庇奸商,私贩劣币来重庆。重庆军警团督察处派谍查员上船检查。该轮不仅拒绝检查,反而将谍查员余德荣等四人投入江中淹死,并打伤周西源等二人。反动当局慑于日本帝国主义淫威,不仅不据理力争,反而为其开脱罪责,将这一损害国家尊严、民族利益的严重事件说成是由于误会而引起的"争斗聚殴"。广大人民群众,对于反动当局屈从于帝国主义的可耻行径,十分愤慨。纷纷表示,此案政府如不严办,则将采取直接行动。萧楚女、杨闇公等根据群众高昂的斗争情绪,及时因势利导。他们通过"平民学社"这个组织和运用《新蜀报》这块舆论阵地,领导革命群众向日本帝国主义及其走狗四川反动当局发起了猛烈的进攻。

萧楚女在四川的革命活动,使军阀、官僚深为痛恨。重庆反动当局曾3次胁迫萧楚女离川,甚至欲动武力。为了安全,杨闇公请萧楚女到他家暂住。这时,四川青年团组织的整顿和共产党组织的发展取得了不少成绩,中共四川党组织骨干力量已大体培养出来,萧楚女将自己所负责的工作移交给杨闇公。1925年5月,离开重庆,乘船东下去上海。

协助毛泽东

萧楚女于1925年5月中旬来到上海,立即投入了战斗。五卅运动爆发后,他在与恽代英共同主编《中国青年》的同时,还辗转于南京、苏州等地,为运动募集经费,给报纸杂志写文章,到各校去演讲宣传五卅运动的伟大意义和反帝救国的革命道理。

1925年6月戴季陶主义出笼后,萧楚女撰写了《国民革命与中国共产党》一书,批驳戴季陶对共产党的攻击和污蔑。

1925年8月,党中央又派萧楚女前往河南,协助当时担任中共豫陕区执行委员会领导的王若飞工作。

1925年12月,我党从上海抽调一批干部到广州工作,萧楚女和恽代英等一道来到广州。

1926年1月国民党第二次全国代表大会在广州召开,毛泽东当选为候补执行委员和中央宣传部代理部长。毛泽东代理宣传部长以后,为

《政治周报》

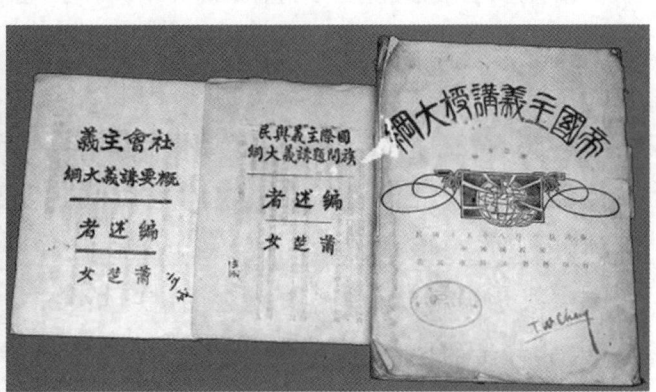

萧楚女为农民运动讲习所撰写的教材

广州农民运动讲习所

了加强宣传部的力量,将萧楚女等一批优秀的共产党员和党的骨干调到宣传部工作。宣传部一时人才济济,人称之为"人才内阁"。为了工作方便,萧楚女搬到东山庙前西街和毛泽东住在一个寓所,在毛泽东直接领导下,开始了新的战斗。

萧楚女调到宣传部的主要任务是协助毛泽东编辑《政治周报》,毛泽东担任主编,萧楚女担任助理。每期内容,遵照毛泽东的指示,由萧楚女编出初稿,送毛泽东审定后付印。除此之外,还要给两广和其他省的国民党左派地下组织编发《宣传大纲》。其内容主要是根据国民党第二次全国代表大会宣言,择其要点加以发挥。要点也是由毛泽东事先指出,再由萧楚女写出初稿送交毛泽东审定。

萧楚女在国民党中央宣传部工作期间,还在广东大学(即以后的中山大学)兼课,当时广东大学办有社会科学专修学院,系业余性质,上课时间均在晚上,萧楚女在该院担任19世纪思想史这门课程的老师。

1926年2月,在中国共产党倡议下,国民党中央改组了农民运动委员会,萧楚女任国民党中央农民运动委员会委员。在广州第六届农民运动讲习所里,毛泽东担任所长,萧楚女任专职教员。毛泽东赞扬萧楚女说:"我是很喜欢他的,农民运动讲习所教书,主要靠他。"讲习所的教员,大部分是兼职的,只有萧楚女一人是专职教员。他边教学边编写,先后编出了《帝国主义讲授大纲》、《中国民族革命运动史讲授大纲》、《社会主义概要讲义大纲》等三本教材。

萧楚女在农讲所的工作是辛苦的。除学校工作外,他还要参加各种社会活动,到各革命团体去演讲。他曾在省港罢工委员会给工人同志们讲演,到广东大学作过多次报告。他还在共产党领导下创办的许多干部训练班中教课。

萧楚女忘我地工作,即使是一个健康的人也难以支持,何况他这时正患着严重的肺病。可一到课堂上他就精神百倍,口若悬河,忘记了病痛。一节课下来,却已精疲力竭,躺在藤椅上很长时间喘不过气来。但他尽力坚持着工作,不愿为自己的疾病而影响了学员的学习。他上课时经常咯血,为了不被学员看见,就将带血的痰偷偷地吐在手帕里。同学们都为萧楚女的健康担心,派代表劝他休息,不要上课了,都被萧楚女婉言谢绝。他再三感谢学员们对他的关心,并安慰学员们说:他的病并未严重到使他不能工作和上课的地步,让学员们放心。他照常上课、工作、深入到学员中去谈心。

繁重的工作使萧楚女病情更加严重了。毛泽东十分关心他的健康,亲自把他安排到广州东山医院医治。疾病严重地折磨着萧楚女,他的身体十分虚弱,医生规定要他卧床休息,不能看书,不能说话。可是萧楚女总是惦念着学员们的学习和生活,每当学员们到医院去看望他的时候,他总要让大家把学习中不懂的问题搜集起来送给他,不能多说话和回

1926年5月,毛泽东在广州主办第六届农民运动讲习所,注重对学员的军事教育。图为农民运动讲习所学员在进行军事训练。

《黄埔日刊》

小故事

大声演讲竟将裤腰带撑断

1926年，萧楚女应邀来到黄埔军校演讲，来听课的人特别多，校方临时决定将会场改在大操场。由于当时没有扩音设备，萧楚女几乎是边喊边讲了。"再大点儿声！"后面的学生仍在大喊。萧楚女停了片刻，吸口气，运足了劲，把声音提到最大限度……突然，"嘣"的一声，他只觉腰间陡然一松，裤带崩断了，忙按住了裤子。台下的人都聚精会神地盯着，丝毫没有察觉到他的窘迫。萧楚女就这样一手叉腰，一手挥臂，讲了整整90分钟。

事后，他对朋友说："此为平生第一窘事。"此后，他再也不用腰带，而改用保险系数更大的背带了。

所讲授，就在医院的病床上强忍着疾病的疼痛，认真地逐条地给予笔答。学员们把这些笔答张贴在所内的墙壁上，供大家学习和参考。

黄埔教官

1926年底，萧楚女病情稍有好转，农民运动讲习所的学员也已结业，党又分配他到黄埔军校作政治教官。

萧楚女到军校后，工作认真负责。他除了上课外，还深入到学员政治学习小组参加讨论，解答学员提出的疑难问题。他把学员提出的问题整理解答写成文章，在当时黄埔军校办的《黄埔日刊》上发表，以扩大对马克思列宁主义和党的政策的宣传。

从1926年12月7日开始，在《黄埔日刊》上差不多每隔一天或两天就有他的一篇政治解答。需要费笔墨的一般每次回答三两个问题，比较简单的则解答七八个问题。回答的问题范围很广，举凡国际国内重大事件、政治、经济、哲学、宗教、历史、文学，大至什么是阶级、阶级斗争，什么是马克思列宁主义，小至名词解释，无不包括在内。

由于萧楚女博阅广识，马列主义水平较高，对这些问题能深入浅出，一一予以回答。这些问题又很适合学员的需要,因此很受学员的欢迎。如果学员在《黄埔日刊》上看不到萧楚女写的政治解答,就要写信询问。

萧楚女

从1927年3月6日起,蒋介石先后在赣州、南昌、九江、安庆等地制造反革命惨案,捣毁工会,屠杀工农群众。萧楚女不畏强暴,不为利诱,以笔为武器,在3月16日至24日,短短九天内奋笔疾书5篇文章,对蒋介石屠杀工农,迫害进步势力的暴行,进行了无情的挞伐,启发了革命群众对蒋介石假革命本质的认识,提高了群众对蒋介石公开屠杀革命者的警惕性。

恽代英、萧楚女工作和生活过的安徽省立第四师范学校,现为安徽省宣城中学。

萧楚女这些文章不但在黄埔军校的校刊——《黄埔日刊》上发表,而且还以同样的内容在全校大会上作报告,对蒋介石进行口诛笔伐,把"蒋校长"的丑行,暴露

萧楚女生平展厅

在光天化日之下。

激烈的斗争,繁重的工作,严重地损害着萧楚女的健康,使他的肺病复发。1927年3月下旬,萧楚女不得不再次进入东山医院进行治疗。

1927年4月15日,萧楚女在广州反革命政变中被捕,4月22日牺牲于南京石头城监狱,时年34岁。

萧楚女名言警句

■一个人从生以后一直到死,都有做对人民有益的光明正大事,虽然肉体死去,而精神是不灭的。

■人生应该如蜡烛一样,从顶燃到底,一直都是光明的。

■人永远是要学习的。死的时候,才是毕业的时候。

■做人也要像蜡烛一样,在有限的一生中有一分热发一分光,给人以光明,给人以温暖。

李兆麟
(1910–1946)

荣　　　　誉：抗日英雄
出　生　地：辽宁省辽阳县(今属灯塔市)
民　　　　族：汉族
诞　　　　辰：1910 年 11 月 2 日
逝世纪念日：1946 年 3 月 9 日
牺 牲 年 龄：36 岁

　　李兆麟，化名张寿篯，1910 年 11 月 2 日出生在辽宁省辽阳县小荣官屯一个农民的家庭里。

　　1916 年春，刚满 6 岁的李兆麟被送进学堂；1922 年于小荣官屯高小毕业后，又到大荣官屯上了两年私塾。

　　1925 年父亲去世，家境窘困，李兆麟不得不辍学务农。这期间，他曾主动替一位被霸占土地的妇女打官司，为她写呈子告到法院，结果官司

李兆麟故居

打赢了。从此李兆麟对于法律有了兴趣,开始攻读他父亲读过的法律书籍,期望将来能通过法律,解决社会的弊端。他在书房门上刻了"运思出奇,横扫千军"八个大字,表达自己未来的远大抱负。

组织东北抗日义勇军

1931年11月8日,李兆麟离开家乡,奔赴北平参加由中共北平地下党员任骨干的抗日民众救国会,在平西一带进行抗日救亡活动,并与党的地下组织取得联系。

1932年初,党组织派李兆麟回家乡组织东北民众抗日的义勇军,在辽阳一带开展反日武装斗争。李兆麟骑着家里的一匹白马,冒着风险,奔驰在辽阳一带自发的反日山林队和义勇军之间。经过李兆麟的奔走和工作,在辽阳地区活动的自发的抗日队伍联合起来了,共有1000多人,成立了东北抗日义勇军第二十四路军。

1932年5月,李兆麟加入了共青团,不久转为中国共产党党员。此后,奉天特委派李兆麟到本溪煤矿从事工人运动,李兆麟很快在本溪煤矿的工人中建立起秘密的抗日救国会,会员迅速发展到300余人。

在本溪煤矿短短几个月的时间里,李兆麟亲身体验了旧中国矿工的悲惨处境,尝到了挖煤工人的辛酸。他受过日本监工的气,挨过工头的打，吃过发了霉的窝窝头……所有这些，使他更加坚定了革命到底的决心。沉重的劳动，紧张的工作，使李兆麟染上了严重的肺病。

1933年2月，他被奉天特委调回奉天休养治病，组织上还派人从乡下把他母亲接来照顾。李兆麟在奉天一面治病，一面工作。

病愈后，李兆麟在奉天特委军委任干事兼青年士兵委员会负责人。这时，他又把全部精力投入到兵运工作中去。后因奉天特委被破坏，特委的领导人和许多共产党员被捕入狱。李兆麟的家被搜查，母亲和妹妹也遭逮捕。他在险恶的环境中一个人又坚持工作了四十多天。但由于和党组织失去了联系，加上叛徒特务的监视，使他无法在奉天继续活动，遂决定去哈尔滨寻找党的组织。

珠河反日游击队纪念碑

李兆麟将军的书箱子

珠河抗日游击队

1933年8月，李兆麟担任了满洲省委军委的领导工作。受满洲省委的派遣，李兆麟以省委巡视员的身份，先后赴海伦、巴彦、珠河等地巡视工作，参与创建东北抗日游击队。

1934年初，满洲省委派李兆麟前往珠

珠河反日游击队成立地遗址——尚志县三股流。

河赵尚志领导的反日游击队工作,任游击队副队长。

李兆麟根据中共满洲省委的指示精神,协助赵尚志建立了反日联合军总指挥部。联合军接连打了几个胜仗,珠河游击队的队员发展到130余人,再加上义勇军和山林队,联合军共有近500人的队伍。

赵尚志与李兆麟于5月中旬率领联合军攻到宾州城下,被围困在城内的守敌惊恐万状,一小时内给哈尔滨的日军连打七次电话求援。敌人由哈尔滨派来四五架飞机、近千人的增援部队。我军与日伪军展开英勇战斗,用木炮攻城,打死打伤敌人七八十名,还击落敌机一架。"木炮打宾州,威震敌胆",被传为抗日佳话。

1934年6月,在珠河反日游击队的基础上,吸收山林队和义勇军,建立东北反日游击队哈东支队,司令为赵尚志,李兆麟为政委。

1934年9月中旬,哈东支队在赵尚志、李兆麟的领导下,攻克哈尔滨东南重镇五常堡。随着哈东支队的发展和巩固,珠河游击区也得到了迅速的发展和扩大。到1934年秋,游击区的范围比游击队建立的初期扩大了三倍,从原来的珠河,发展扩大到延寿、宾县、五常、双城五个县的12个区。

东北抗日联军

根据中共满洲省委的指示,1935年1月28日以哈东支队为基础,吸收地方青义军等队伍参加,正式编成东北人民革命军第三军,赵尚志任军长,冯仲云任政治部主任;李兆麟先后任二团、一团政治部主任,率部在牡丹江沿岸建立新的游击根据地。

1936年1月26日,赵尚志在汤原县境召开了北满反日联军军政联席扩大会议,李兆麟被推选为会议的执行主席,会上决定设立东北抗日联军总司令部,赵尚志任总司令。李兆麟任六军代理政治部主任,后任三、六军后方留守处主任,担负起领导建立汤旺河后方军事根据地的任

李兆麟率部西征

六军被服厂遗址(现伊春境内帽儿山)

务,在汤旺河一带建立了许多密营,在沟里还建立了小型兵工厂、被服厂、仓库和医院,成了三、六军进行整休和训练的后方基地。三、六军在沟里还建立了军政学校,校长由赵尚志兼任,李兆麟担任教育长。这所学校连续办了三期,为北满抗联各军训练和培养了许多骨干。

9月,中共北满临时省委成立,李兆麟被选为北满临时省委委员。此后,中共北满临时省委成为北满地区抗日斗争的领导核心。

1937年初,东北抗日联军总司令部正式改称为北满抗日联军总司令部,下辖三、六、九军和独立师,仍由赵尚志任总司令,李兆麟任总政治部主任。

艰难西征路

七七事变后,松花江下游地区抗日斗争的发展引起日伪军的恐慌,他们调集5万多人的兵力包围抗日联军。对此,北满临时省委决定:跳出敌人包围圈,组织部队向西北远征。

1938年11月,李兆麟率领六军教导队和十一军队伍,翻越小兴安岭,向黑嫩平原远征。此时的东北已是北风呼啸、大雪纷飞的严冬季节,战士们冒着刺骨的严寒在林海雪原中行进。白天分成小部队活动,夜间在篝火旁露营,与饥饿、寒冷和疲劳作战,克服了种种难以想象的困难。

抗日战争爆发后,东北抗日联军在杨靖宇、李兆麟同志的率领下,在极端艰苦的环境中打击敌人。这是东北抗日联军某部在战后休息。

东北抗日联军西征作战

东北抗日联军在伏击日本侵略者

被东北抗日联军俘虏的日伪军

战士的手和脚都冻裂了,胡须和眉毛上挂着厚厚的冰霜。他们白天分成小部队行军,夜晚集中宿营,身上带的粮食很快就吃光了,每天只能从倒木上找一些干蘑菇吃,甚至把皮带剁成小碎块煮一煮吃下去。

有一次他们在第一、第二批西征部队的宿营地找到了一些已经发霉的马皮,战士们用火烧烤时,虽然也发出一些糊香味,但放在嘴里难嚼难咽。李兆麟鼓励大家说:"同志们,为了抗日,我们必须保住生命。"他一边说,一边和大家一起吃掉了这些烂马皮。

经过一个多月的长途跋涉,部队于同年底到达海伦县境内,与先头部队胜利会师。期间,他写下了著名的《露营之歌》:"朔风怒号,大雪飞扬。征马踟蹰,冷气侵入夜难眠。火烤胸前暖,风吹背后寒。壮士们!精诚奋发横扫嫩江原。伟志兮!何能消减。全民族,各阶级,团结起,夺回我河山。"

东北抗日联军第三路军

1939年1月28日,中共北满临时省委召开了第九次常委会议。根据开展嫩海地区工作的需要,决定成立中共嫩海地区代表团。会后,由李兆麟领导的嫩海代表团正式组成。接着,又建立起讷河、肇州两个县委。为加强部队的统一领导和指挥,李兆麟将西征后胜利到达小兴安岭西海伦后方游击根据地的北满抗联各部队,统一编成四个支队和两个独立师,支队和独立师的总指挥为李兆麟,政治委员为冯仲云。

中共北满临时省委于4月12日召开了执委第二次扩大会议,决定改北满临时省委为北满省委,选金策、李兆麟、冯仲云三人为省委常委,金策为书记,李兆麟为组织部长,冯仲云为宣传部长。

1939年5月30日,东北抗日联军第三路军成立,下辖4个支队,李兆麟任总指挥,全军共有500余人,从数量上看部队人员是减少了,但部队的政治素质却有很大的提高。李兆麟率部在广袤的松嫩平原开展游击战,打击日伪军,先后攻克讷河、克山、肇源等县城,开辟了抗日游击区和后方基地。

据不完全统计,1939年6月至1940年3月,抗联第三路军各部队,在40余次战斗中,取得了30多次的胜利,共缴获各种武器500多件,消灭敌人250多名,其中日军占40%,俘虏敌军500多名,攻克城镇七八处,给敌人以沉重的打击。

朝阳山突围 森林中断粮

1939年7月,李兆麟和北满省委委员张兰生在总指挥部驻地朝阳山举办了两期短期干部训练班。14日,驻嫩江日伪军100余人尾追我攻打科雒村的部队,突然闯进山里。当我军发现时,总指挥部已被包围。我教导队坚守阵地,一天内打退敌人数次冲锋。李兆麟和教导队战士一起坚持战斗。三支队政委赵敬夫为了总指挥的安全,率队突围护送李兆麟转移,不幸中弹,献出了宝贵的生命。

同年秋,在一场暴风雨后,北安和德都间的南北河河水猛涨,低洼

1943年11月,李兆麟与夫人金伯文(曾任东北抗日联军第三军被服厂厂长)及子摄于伯力。

周保中(左四)、李兆麟(右三)与苏联远东军军官的合影。

东北抗日联军教导旅旅长周保中(左)、政委李兆麟(右)、无线电连政治指导员王一知(中)1942年夏摄于伯力。

地已成一片汪洋。活动在河东地区的李兆麟和他的二十几名战友,被围困在森林里,经受了一次严峻的饥饿考验。他们吃完粮食,杀战马,吃完马肉,吃马皮。

二十几天过去了,溢出河外的河水不退,大家只好吃野菜。北国大地寒霜早,一场秋霜之后野菜都枯黄了,抗霜的野菜"大耳朵毛"也被吃光了。男同志饿得躺倒起不来,女同志每天坚持爬出去捡榛子和蘑菇。这些刚强的女战士在极端困难的环境中,发扬了高度的友爱精神。她们虽然饥肠辘辘,但捡到的榛子、蘑菇,谁也不肯往自己嘴里放,都是带着它们爬回来,如数地交给总指挥,请他来分配。李兆麟总是先让给伤病员,然后是年老体弱的和女同志,轮到他就没有几颗了。大家不忍心让总指挥少吃,就把自己分到的送给他一些。李兆麟说:"你们到外边活动,应当多吃点,我在驻地活动少,应当少吃。"他虽然饿得全身无力,还乐观地给大家讲古代伯夷、叔齐二人宁肯饿死首阳山,也不食周粟的故事,鼓励大家战胜困难。他说:"我们宁肯饿死,也要忠于祖国,绝不能动摇抗日到底的信念。"

抗联第三路军朝阳山总指挥部被袭,我方损失较大,敌人以为这就是他们"围剿"抗联的最后胜利,于是大肆宣扬"东北

1943年东北抗日联军教导旅野战演习后部分干部摄于北野营，前排左二为李兆麟，左四为周保中。

抗日联军已被最后消灭"。就在敌人准备庆祝所谓"最后胜利"的时候，在龙江北部活动的我第三、第九两个支队，按照总指挥李兆麟的部署，于9月23日，联合攻克了龙北重要县城克山；在龙江南部活动的第十二支队于9月12日袭击了肇州县丰乐镇之后，又于11月8日一举攻占了龙南的重要县城肇源。我抗日联军第三路军的各支队，在龙南、龙北取得的这些重大胜利，不仅沉重地打击了敌人，而且有力地戳穿了敌人宣传的"东北抗日联军已被最后消灭"的谎言，坚定了东北人民的抗日信念。

苏联整训

1941年苏德战争爆发后，日本侵略者增调重兵进驻东北，我抗日联军处境更加困难。在敌人的残酷镇压下，东北人民的抗日斗争受到了挫折。为保存实力，培养干部，提高部队素质，迎接胜利，根据党组织的决定，北满抗日部队在第三路军总指挥李兆麟的率领下，于1941年12月底，大部转移到苏联境内进行整训学习。这时，东北抗日联军成立了教导旅，周保中任旅长，李兆麟任政委。

1942年7月，南满、吉东、北满三个省委合并，统一组成中共东北地

区委员会,李兆麟任常委。在东北地区党委的领导下,教导旅进行了军事训练和政治学习,还先后派出 15 个小分队回东北开展小规模的游击活动,斗争一直没有中断。教导旅的训练和学习,为东北抗日联军迎接抗日战争最后胜利做了思想上、政治上和军事上的准备。

1945 年 8 月 8 日,苏联政府宣布对日作战。坚持了 14 年抗日斗争的东北抗日联军,积极响应党中央、毛泽东的号召,在周保中、李兆麟、冯仲云等领导下,积极配合八路军、新四军和苏联红军作战,迅速击溃日本关东军。日本政府于 8 月 15 日宣布接受波茨坦公告,无条件投降。至此,中国人民抗日战争取得了最后胜利。李兆麟和全体抗联战士们盼望已久的"夺回我河山"的愿望终于实现了。东北的大好河山回到了祖国的怀抱。

战斗在哈尔滨

根据东北党委会的决定,1945 年 8 月 23 日,李兆麟率百余名抗联干部,随苏军经牡丹江进驻哈尔滨市,成立了抗日联军哈尔滨市办事处,李兆麟为办事处负责人。同时经过一个多月的筹备,于 10 月 1 日成

苏联红军进驻哈尔滨

哈尔滨中苏友好协会现址

李兆麟遇害地——哈尔滨市道里区水道街9号

立了滨江省政府。李兆麟以中共代表身份出任副省长,兼任中苏友好协会会长。

1945年11月16日,中共中央东北局决定成立松江军区,卢东生为司令员,钟子云任政委,李兆麟兼任副政委。李兆麟的工作是与苏军一起接管日伪政权,收缴敌伪物资,恢复社会秩序,组织民众团体,振兴贸易,安定民生。还为党中央派到北满、西满地区开辟工作的干部和部队做好接待、转送、保卫、联络和物资装备供应等工作。国民党侵占了山海关,我军主动撤出锦州、沈阳和长春等地。这时,控制哈尔滨市的国民党反动派气焰也十分嚣张,使我党在哈尔滨的活动受到很大威胁。

11月21日,滨江地区工委和军区领导机关主动撤出哈尔滨。李兆麟辞去副省长的职务,专任中苏友好协会会长,以中共代表的身份留在哈尔滨。

1946年1月,国民党"接收"大员来到哈尔滨,李兆麟以共产党和群众组织代表的身份,同他们进行针锋相对的斗争。同时,他又经常深入基层广泛接触群众,宣传党的政策,揭露国民党蒋介石破坏和平、发动内战的阴谋。

国民党反动派对奔走在和平、民主事业第一线的李兆麟又恨又怕,一伙穷凶极恶的国民党特务和敌伪残余,多次策划暗杀李兆麟。一次,李兆麟参加马迭尔饭店的宴会,特务准备下毒,企图毒死他,但阴谋未

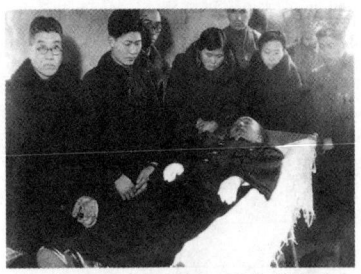

1946年3月9日，李兆麟在哈尔滨被国民党特务杀害，金伯文、冯仲云、李桂林等守护在李兆麟烈士遗体旁。

1946年3月24日，哈尔滨各界人民在兆麟公园隆重举行民族英雄李兆麟将军追悼大会。

哈尔滨各界10万人为李兆麟送葬。图为李兆麟灵车与送葬队伍通过哈尔滨霁虹桥。

得逞。

1945年12月8日，特务误将《哈尔滨日报》社的一干部误认为是李兆麟，将其刺杀在中苏友好协会的门前。李兆麟深知国民党特务的卑鄙和凶残，但他把个人安危置之度外，坚定地说："如果我的血能擦亮人民的眼睛，唤醒人民的觉悟，我的死也是值得的。"

1946年3月9日下午，打入中苏友好协会的国民党特务打电话给李兆麟，诡称与他商定"国大"代表事宜，因办公室人多不便，邀他去水道街9号。当时李兆麟在外开会，途中他乘坐的汽车出了故障，警卫员帮助司机修车，李兆麟改乘马车回到了中苏友协。李兆麟唯恐有误工作，忘却个人安危，匆匆地在办公桌的日历上写下了"下午三时应邀去水道街九号商定国大代表"几个字后，便只身前往。

李兆麟来到这间国民党特务匪徒早已做了周密布置的房间，刚坐下喝了一口茶水，立刻发觉味道不对，原来敌人在茶水中投放了毒药。这时，室内潜伏的凶手们跳了出来。身材魁梧的李兆麟只身同敌人搏斗，他虽已被刺伤多处，还操起木椅奋力向敌人投去，但终因寡不敌众，跌倒在地。凶残的敌人又朝他的头部和胸部连刺数刀，李兆麟就这样惨遭杀害。这位在

▲ 1963年6月,朝鲜崔庸健委员长来中国访问时,在周恩来总理的陪同下,在哈尔滨李兆麟烈士墓敬献花圈。

1946年8月15日,李兆麟烈士墓纪念碑在哈尔滨兆麟公园落成。

东北战场上同日本侵略者奋战了14年的民族英雄,没有牺牲在饥寒交迫的林海雪原和兴安峻岭之中,也没有牺牲在枪林弹雨的松花江两岸和辽阔的黑嫩平原。他的征衣和背囊曾多次被敌人子弹打穿,都没有负伤。敌人以数万元伪币悬赏他的头颅,都成为狂言妄想,因此抗联战士当时都称他为"福将"。而3月9日,这位"救国救民精神惊天地,除敌除寇壮志撼山河"的民族英雄,却在抗战胜利后牺牲在国民党反动派的魔掌中,时年36岁。

1946年3月24日,哈尔滨市人民怀着万分悲痛的心情将李兆麟的遗体安葬在道里松花江畔一座公园内,并将这座公园命名为兆麟公园。哈尔滨解放后,又为李兆麟建造了墓碑,上刻:"民族英雄李兆麟将军之墓"。

李兆麟故居前的塑像

邹韬奋
(1895-1944)

荣　　誉：人民喉舌
出 生 地：福建省永安县
民　　族：汉族
诞　　辰：1895 年 11 月
逝世纪念日：1944 年 7 月 24 日
牺 牲 年 龄：49 岁

　　邹韬奋先生是著名的新闻记者、出版家和政治活动家，同时也是杰出的爱国主义者和共产主义者。"韬奋先生二十余年为救国运动，为民主政治，为文化事业，奋斗不息，虽坐监流亡，决不屈于强暴，决不改变主张，直至最后一息，犹殷殷以祖国人民为念，其精神将常在人间，其著作将永垂不朽"。

求学上海 弃工从文

邹韬奋,原名邹恩润,祖籍是江西省余江,生于福建永安。

1895 年 11 月小韬奋出生在一个没落的官僚家庭里,刚满 5 岁,就开始启蒙读《三字经》。8 年家塾教育后,小韬奋走出家门,考入了福州工业学校,开始在"洋学堂"学习。

1912 年 10 月,17 岁那年,父亲带他到上海,报考南洋公学(上海交通大学的前身)附属高等小学。当时开学已经 1 个月有余,而 4 年级正好有一个缺额,韬奋经过校长亲自主持的考试后,作为插班生入校,开始了他在上海的求学生涯。

南洋公学当时是国内知名的工程学校,由附小毕业可直升附中,中学毕业还可上大学,韬奋的父亲把他送到千里之外的上海就是准备让他做工程师。可是,韬奋喜读文史,对数学最感头痛,因而慢慢萌发了要学习文科的念头。

在附小读书短短的一年间,有一位教授文史的沈老师对韬奋的影响极大。多少年后,邹韬奋回忆说:"我尤其受他的熏陶的是他人格的可爱……他的认真和负责的态度,是我一生做事所最得力的模范,

邹韬奋故居

南洋公学校门

南洋公学附中

南洋公学上院

圣约翰大学

邹韬奋(后排左二)在圣约翰大学毕业时留影

获圣约翰大学文学学士的邹韬奋

他并没有什么呆板的信条教给我,但是他在举止言行上给我的现成的榜样,是我终身所不能忘的。我自己做事,没有特长,凡是担任了一件事,我总是要认真、要负责,否则宁愿不干。"

上了中学,国文老师朱先生也让邹韬奋受益匪浅。此时,韬奋由于父亲失业,遇到了经济困境。在家庭最苦难的时候,韬奋被学校评为"优行生",可享受免缴学费的优待,之后,他一直把这个荣誉保持到离开南洋公学。韬奋还给《申报》等报刊杂志投稿,赚取稿费来弥补开支,为了解决经济问题,他还兼职担任家教。

1917年,邹韬奋进入南洋公学上院(大学)电机工程科,学的专业是机电,因为专业和自己的志趣相差甚远,于是决定弃工从文。1919年9月,他转学考入圣约翰大学(今华东政法大学)文科三年级,主修西洋文学,副修教育学。两年后,邹韬奋毕业,得到了文学学士的学位。

《生活》周刊 以笔当枪

在圣约翰大学毕业之前,邹韬奋就找到了一份工作,在厚生纱厂当英文秘书。毕业后,又在上海华商纱布交易所当英文秘书,同时还兼任中学英文教师。1922年,

邹韬奋 (1895—1944)

经黄炎培介绍，邹韬奋参加了中华职业教育社的工作，1923年，受聘担任编辑股主任，主编《教育与职业》月刊。

1926年，邹韬奋任《生活》周刊主编。期间，邹韬奋倾注了大量心血宣传推广职业教育，撰写了许多职业教育方面的论文，是大职业教育思想宣传的旗手。

九一八事变后，在9月26日出版的《生活》周刊上邹韬奋痛陈："本周要闻，是全国一致伤心悲痛的国难，记者执笔记述，盖不自知是血是泪。"他全身心投入到抗日救亡运动中，坚决反对国民党政府对日本侵略奉行"攘外必先安内"的反动政策。他主编的《生活》周刊以团结抗敌御侮为根本目标，成为国内媒体抗日救国的一面旗帜。

一二·八淞沪抗战结束后，国民党政府在签订屈辱的《淞沪停战协定》的同时，调集大军"围剿"苏区和红军。邹韬奋坚决反对国民党政府的做法，痛斥蒋介石、何应钦等是军阀和民族罪人。

当《生活》周刊以提倡个人修养和职业道德为基本内容时，国民党上海市政府教育局称赞它"取材丰富，理论新颖"，而在它宣告以时事为中心后，就日益为国民党当局所不满。1932年，国民党政府下令停止《生活》周刊的邮寄。但是，这些手段

小故事

从教师改行到编辑

邹韬奋教学成绩非常出色，而且对自己的教学方法也充满自信。这是因为他觉得教师"是一种有趣的工作"。但他并没有一直做教师，而是把全部的时间和精力都用在创办《生活》周刊上了。他为什么会放弃自己的教育事业呢？

他后来回忆说："这里面至少有两个理由。一个是我的性太急，看见学生有时答不出来，或是错误多了一些，我很容易生气，对于这种学生，我易于疾言厉色，似乎予人以难堪，事后往往懊悔，第二次遇着同样情形时仍不免再犯这个毛病；这样容易生气，不但觉得对不住我的学生，对于我自己的健康也有损害。我觉得忍耐性也是做教师的应有的特性，我的忍耐性——至少在教学方面——太缺乏，因此我觉得自己还不十分适宜于做教员。第二个原因是：因为经济的关系，教员的钟点太多，夜里缺乏自己看书的时间。我每日上半天要教三四小时的功课，这还不打紧，但课外应该为着学生做的工作还是很多，修改考卷和文卷就要费了很多时间，都不得不在夜里做。这样一来，除了全天的紧张工作外，夜里的时间也是不自由的，自己看书固然没有了时间，一遇着有应酬，或其他的临时事情，往往不得不'开夜车'。因为有着这两个缺憾，所以我不得不抛弃教员的生活。"

《生活》周刊

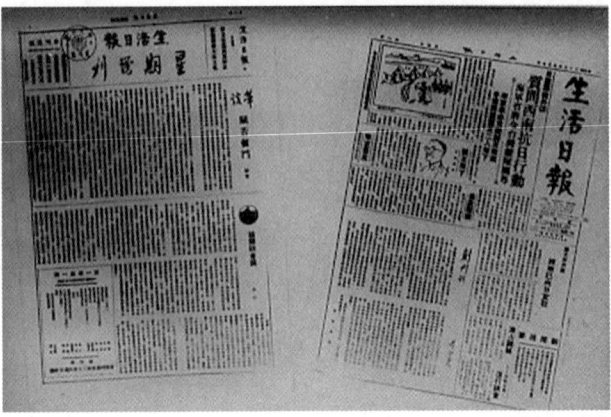

《生活日报》

重庆民生路生活书店

仍然不能遏制《生活》周刊影响的扩大。1932年,《生活》周刊的发行量超过了15万份,成为当时销售量最大的杂志。

鉴于《生活》周刊随时可能被扼杀,1932年7月成立生活书店,邹韬奋任总经理。生活书店团结了一大批进步作者,在全国各地建立了56家分支机构,先后出版发行数十种进步刊物和包括马克思主义译著在内的千余种图书。

当1933年12月,《生活》周刊被国民党政府以"言论反动、思想激进、毁谤党国"的罪名下令查封时,邹韬奋在最后一期上发表了文章《最后的几句话》,其中说:"统治者的利剑可以断绝民众文字上的联系,而不能断绝精神意识上的联系。人类的全部历史记载着,民众利益永远战胜了一切。"

海外归来　重整旗鼓

在不断探索抗日救亡的道路上，邹韬奋得到了周恩来等共产党人和胡愈之、鲁迅等著名爱国人士的大力帮助，接近了共产党，认清了共产党的抗日救国主张。1933年1月，邹韬奋参加了宋庆龄、鲁迅、蔡元培、杨杏佛等发起的中国民权保障同盟，他当选为执行委员。不久，他被迫流亡海外。在两年多的流亡期间，他考察了英、美、法、德、意等资本主义国家和社会主义国家苏联，阅读了大量马克思主义的著作，"实现了思想上的升华，形成了马克思主义世界观，最终选择了中国共产党"。

1935年8月，邹韬奋回到了祖国，他在上海重整旗鼓，创办了《大众生活》周刊。当时日本正在策划"华北自治"，而国民党政府却高唱"敦睦邦交"。《大众生活》猛烈抨击国民党政府以"妨碍邦交"等为借口镇压人民大众的抗日运动。北平爆发"一二·九"运动后，《大众生活》立即响应，发表了十多篇文章，称颂学生的救亡运动，之后，又陆续报道了上海、南京、武汉、杭州等地的学生运动，号召学生和中国大众结成全国救亡的联合战线。

期间，邹韬奋担任上海各界救国会与

《大众生活》报道一二·九学生运动

《生活星期刊》

《永生》

▲ "七君子"监狱中读书（左起：邹韬奋、王造时、李公朴、沈钧儒、沙千里、章乃器）。

▶ 这是"七君子"被释放前在监狱里合影。左起王造时、史良、章乃器、沈钧儒、沙千里、李公朴、邹韬奋。

全国各界救国联合会的领导工作。1936年2月11日，国民党中央给上海文化界救国会加上了"反对中央"、"颠覆政府"的罪名，14日，上海文化界救国会发表文章指出救国会不是"一纸污蔑文书所能恫吓得了的"，同时还呼吁停止内战，一致对外。《大众生活》刊登了这个文件，这再次惹恼了国民党中央政府。他们先是找邹韬奋"谈话"，最终他创办的《大众生活》和《永生》杂志先后遭查禁被迫停刊。

《大众生活》被查封后，邹韬奋为避祸化名离开上海去香港，再次流亡。到香港后，他又创刊了继承《大众生活》衣钵的《生活日报》，继续宣传团结抗日。后来，《生活日报》周刊宣布迁往上海，并改名为《生活星期刊》，邹韬奋依然任主编兼发行人。

被"绑"入狱　奏响《抗战》

1936年11月22日深夜，邹韬奋与救国会的其他负责人沈钧儒、李公朴、沙千里、史良、章乃器、王造时等"七君子"突然被国民党政府逮捕。在这以前，早就有朋友告诉邹韬奋，他将有被捕的可能，要他"特别戒备"。邹韬奋胸怀坦荡，没有放在心上，照常做他的编辑工作。他"这时的全部的注意力都集中在绥远的被侵略，每日所焦思苦虑的只是这个问题"。

被捕那天，邹韬奋参加完援助绥远军民抗日的会议后，很晚才离开，回到寓所时已是夜里12点钟。"上床后还在想着下一期《生活星期刊》的社论应该做什么题目"，2点半时，睡梦中的邹韬奋忽然被凶猛的打门声和他夫人的惊呼声惊醒。

门打开后，几个人一拥而入，一没有拘票，二没有罪状，就这样开始了一场"绑票"式的逮捕。邹韬奋和章乃器被关押在一个房间里，关在这里的政治犯有许多人都是《生活》周刊的读者。按照监狱里的"规矩"，"犯人"一律是叫号码而不叫名字的，但同监的"难友"都尊敬地称他"先生"，同时也一定要看守们叫他先生，"不许叫号码"。这一切都使邹韬奋深受感动。

救国会七领袖被捕的消息迅速传遍上海，震动了全国，引起广大爱国同胞的震惊和关切。中共中央立即通电营救。西安事变发生后，张学良、杨虎城通电全国，提出八项主张，其中第三项就是"立即释放上海被捕之爱国领袖"。面对抗议的怒潮，到1937年7月31日，邹韬奋等七君子终于获得了释放。

小故事

收买不了的邹韬奋

邹韬奋在上海主办《生活》周刊期间，一次，接到一封读者来信。揭露国民党交通部长王伯群贪污建筑款，生活糜烂，虽然年过五旬，仍强迫上海一位漂亮的女大学生做他的小老婆，且婚礼之奢侈不亚于蒋、宋的豪华气派。

邹韬奋派人明察暗访确定了那位读者来信属实，并给王伯群新建的花园洋房拍了照片。正当稿件排印时，听到风声的王伯群连忙派了一位"交际博士"和邹韬奋的老相识，带了10万大洋前来和邹韬奋"谈判"。企图"资助"邹韬奋和《生活》周刊，目的当然是免登相关报道。

"交际博士"开口道："邹先生，王部长最近拨了一笔公款，对上海各家报刊进行补助，贵刊是王部长特别爱好的，所以也补了一点。"

邹韬奋朗朗说："王部长的好意我们领了，但我们是民间刊物，从不接受官方津贴。"

"交际博士"一听，说："邹先生，您别误会，这不是津贴，是补贴。连补贴您也不收，就算王部长入股的资金吧！连股金你也不收，我们回去就不好交代了。"

"我们刊物的股东早就满了，所以这笔钱我们不能收。你们转告王部长，如果他硬是钱多得没地方花，我看就把它捐给仁济堂吧。"

文章刊出以后，在上海反响很大，《生活》周刊在广大读者中的威信更高了。大家都认为邹韬奋严拒贿赂，很有骨气。

1939年9月邹韬奋在武汉和抗日救国会成员合影

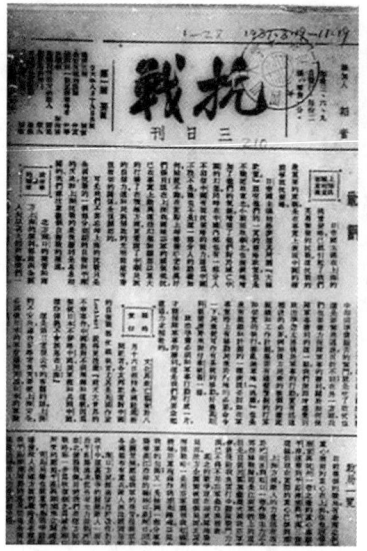

《抗战》三日刊,1937年8月19日创刊。从第7号起一度改名《抵抗》。

《全民抗战》创刊号

邹韬奋在狱中,对于自己的"前途"勇气百倍。他写道:"我在二十年前想要做个新闻记者,在今日要做的还是个新闻记者——不过意识要比二十年前明确些,要在'新闻记者'这个名词上面加上'永远立于大众立场的'一个形容词。我所仅有的一点微薄的能力,只是提起这支秃笔和黑暗势力作艰苦的抗斗,为民族和大众的光明前途尽一部分的推动工作。我要捐着这支秃笔,挥洒我的热血,倾献我的精诚,追随为民族解放和大众自由而冲锋陷阵的战士们,'冒着敌人的炮火,前进!'"

1937年8月13日淞沪会战爆发后,邹韬奋又出版了《抗战》三日刊,上海沦陷后,邹韬奋辗转来到武汉,继续主编《抗战》,并将其改编为《全民抗战》三日刊。

在武汉的八路军办事处邹韬奋访问了周恩来,接受中国共产党的领导。此时邹韬奋在民众中享有极高声望,他主持的书店和出版物遍及全国,甚至在海外华侨中也有许多读者。当局曾多次诱迫他参加国民党,并许以高官厚禄,都遭到邹韬奋的严词拒绝。

武汉沦陷后,邹韬奋到重庆继续主编《全民抗战》。1938年,邹韬奋还担任了第一届国民参政会参政员。

1938年9月,邹韬奋(左二)和沈钧儒(右二)、王炳南(左一)、范长江(中)等从武汉出发,慰问抗日将士。

吾党光荣 风范长存

抗日战争进入相持阶段后,国民党当局加紧迫害民主进步人士,更加严厉限制人民的言论、出版、集会、结社等各项民主权利。积极进行抗日宣传的生活书店及其出版物不断遭到查禁、封闭。

邹韬奋在编辑部

1941年1月,"皖南事变"发生,举国震惊,邹韬奋对此写了一篇社论,但全文被扣。愤怒之下,邹韬奋决定在报上"开天窗"以示抗议,并愤然辞去了国民参政员之职。这之后,他再次陷入危险的处境中,他在秘密拜访了周恩来等人后,于2月25日凌晨4时只身一人化装出走,被迫再次避走香港。

日军占领下的香港风声鹤唳,邹韬奋在中共交通员的布置安排下,不时更换住址,继续宣传抗日,揭露国民党当局对日

邹韬奋著《经历》

妥协投降倾向和对民主进步人士的迫害。香港沦陷以后，他在中国共产党帮助下，先后转移到广东东江游击区和苏北敌后抗日根据地，继续从事抗日民主的文化宣传工作。

邹韬奋和夫人沈粹缜合影

邹韬奋形容自己好像很富于流动性似的："第一次流亡在1933年，随后十年来，有第二次流亡、第三次流亡、第四次流亡、第五次流亡、第六次流亡！"邹韬奋数次流亡，实受迫害不得不如此，但其中最后一次却是邹韬奋视为"甘之如饴"的一段经历，因为他来到了新四军根据地，看到了新中国光明的未来，实现了梦寐以求的夙愿。他在给陈毅的信中说："过去十来年从事民主运动，只是隔靴搔痒，今天才在实际中看到了真正的民主政治。"

邹韬奋全家合影

这期间，他多次向党组织提出入党请求，党组织认为他以民主人士的身份在国统区工作对党和革命事业更为有利。

1943年2月，邹韬奋被确诊为耳癌。陈毅主持紧急会议，研究治疗问题。病中的邹韬奋也表示："希望病愈之后再和大家一起努力二三十年。"还说要办一家日报。经过手术与化疗，邹韬奋的脸型变了，右半个脸变得尖削，头颈也向右歪斜。同志无不为他难过，他却风趣地说："敌人到处在搜捕我，这一变变得好，与以前判若两人,他们认不出来了,今后正可独来独往,再也不用化装了。"

但病情恶化使他的心愿无法达成了。

1944年春,邹韬奋的病略有好转。他想趁此机会把6次流亡的经历写成《患难余生记》。友人极力劝阻:"先生已病成这个样子,切莫再费神劳力,待康复以后再说吧。"邹韬奋回答道:"康复难矣!我自知病入膏肓,余日无多,再不抓紧,更待何时?""我不怕死,要与敌人斗争到最后一刻。这不只是我个人的经历,而是千百进步知识分子共同苦难史,一定要趁这有生之日写出来,这是我的责任。"

从此,邹韬奋坚持每天早饭后,在病床上背靠着被子,胸前放一张特制的矮脚方桌,因右眼红肿痛涩用纱布罩住,写字时特别吃力,他不为所难。还说:"上帝给我的时间不会太多了,应特别的珍惜,能多写一点就多写一点,写得入神了,倒可忘了病痛。"

邹韬奋的夫人和两个孩子,从桂林秘密来到上海,见他被折磨成这副样子,不禁哭了起来。他笑着劝导:"莫哭莫哭,这一哭不就是向敌人示弱了吗?"邹韬奋写字时,右眼不时有眼泪淌出,夫人为他抹去,也跟着伤心落泪。邹韬奋反过来给她抹泪:"你不要看到我淌眼泪而难过,我的

邹韬奋著《患难余生记》

邹韬奋手迹(截取自七君子出狱后书写的题词)

位于上海龙华革命烈士公墓中的邹韬奋之墓

邹韬奋纪念馆

华东政法大学校园中的韬奋楼和邹韬奋塑像

眼泪不是悲痛的表示,只是痛到最难受的时候,用眼泪来与病魔作斗争。"

辞世前,已失去语言能力的邹韬奋比划着让友人把笔放在他嘴里,在友人送上的本子上吃力地写下3个字:"不要怕"。弥留之际的邹韬奋还在鼓励着大家。

1944年7月24日,邹韬奋在上海病逝。由于当时上海还处于日寇的铁蹄之下,邹韬奋的遗体只能以"季晋卿"的名字入殓,他逝世的消息,也只能暂时秘而不发。临终前,他再次表达了加入中国共产党的愿望。9月28日,中共中央根据他生前愿望追认他为中国共产党正式党员。中共中央在致其家属的唁电中称他为"吾党的光荣"。

抗战胜利后,邹韬奋的遗体移葬到上海虹桥公墓,新中国建立后,1967年7月,又隆重迁入上海龙华革命烈士公墓,供后人凭吊瞻仰。

邹韬奋名言警句

■理论彻底,策略准确。然后以排除万难坚定不移的勇气和精神向前干去,必有成功的一日。

■一个人光熘熘地到这个世界上来,最后光熘熘地离开这个世界而去,彻底想起来,名利都是身外物,只有尽一个人的心力,使社会上的人多得他工作的裨益,是人生最愉快的事情。

■最主要的是所选朋友必须正派,即品行端正的人。

■自尊心是进步之母,自贱心是堕落之源,故自尊心不可无,自贱心不可有。

■友谊是天地间最可宝贵的东西,深挚的友谊是人生最大的一种安慰。

■不干,固然遇不着失败,也绝对遇不着成功。

■我认为挫折磨难是锻炼意志增加能力的好机会,讲到这一点,我还要对千方百计诬陷者表示无限的谢意。

■金钱往往成为真正情义的障碍物。

■理论是实践的眼睛。

■无所不能的人实在是一无所能,无所不专的专家实在是一无所专。

■我们要能多得到深挚的友谊,也许还要多多注意自己怎样做人,不辜负好友们的知人之明。